当代高等教育管理与实践路径创新

柏 杉 ◎ 著

吉林出版集团股份有限公司

版权所有　侵权必究

图书在版编目（CIP）数据

当代高等教育管理与实践路径创新 / 柏杉著. — 长春：吉林出版集团股份有限公司，2024.4
ISBN 978-7-5731-4862-9

Ⅰ．①当… Ⅱ．①柏… Ⅲ．①高等教育－教育管理－研究－中国　Ⅳ．①G649.2

中国国家版本馆CIP数据核字（2024）第079260号

当代高等教育管理与实践路径创新
DANGDAI GAODENG JIAOYU GUANLI YU SHIJIAN LUJING CHUANGXIN

著　　者	柏　杉
出版策划	崔文辉
责任编辑	徐巧智
封面设计	文　一
出　　版	吉林出版集团股份有限公司
	（长春市福祉大路5788号，邮政编码：130118）
发　　行	吉林出版集团译文图书经营有限公司
	（http://shop34896900.taobao.com）
电　　话	总编办：0431-81629909　营销部：0431-81629880/81629900
印　　刷	北京昌联印刷有限公司
开　　本	787mm×1092mm　1/16
字　　数	200千字
印　　张	13
版　　次	2024年4月第1版
印　　次	2024年4月第1次印刷
书　　号	ISBN 978-7-5731-4862-9
定　　价	78.00元

如发现印装质量问题，影响阅读，请与印刷厂联系调换。电话：010-82751067

前　言

国家高等教育改革的全面实施，为我国高等教育提供了良好的发展机遇，同时也在很大程度上促进了高校教育管理的不断完善和优化。在高等教育改革不断深化的过程中，以往的管理模式越来越难以适应当前教育体系发展和高等教育改革的需求。高等教育肩负着培养社会主义建设者和接班人的重任，应充分考虑客观社会现实对人才需要的多样性、各类高校的层次性和大学生个体的差异性。在学生教育管理过程中，学生既是受教育者、被管理者，又是教育者和管理者，高校应充分尊重和发挥学生的主体地位和作用，使学生积极参与到教育管理中来，在教育管理中培养学生的组织能力、管理能力、协调能力和创新能力。

高等教育管理是左右整个高等教育发展的关键因素，研究我国高等教育管理的历史和现状，就必须聚焦高等教育管理研究及其理论的发展状况，只有大力发展我国高等教育管理理论研究，才能使其更好地服务高等教育。近年来，随着我国社会主义市场经济的发展与社会改革的推进，我国高等教育管理工作也面临着新的挑战，高等教育管理研究仍存在多种不足。所以，转变高等教育管理方式，建立新的管理理念和管理模式，研究高校教育管理具有重要的理论与现实意义。

目　录

第一章　高等教育管理的概述 ·· 1
　　第一节　高等教育管理的基本概念 ·· 1
　　第二节　高等教育管理的本质 ·· 5
　　第三节　高等教育管理的属性 ·· 12
　　第四节　高等教育管理的特点 ·· 15
　　第五节　高等教育管理目标 ··· 18
　　第六节　高等教育管理规律 ··· 27
　　第七节　高等教育管理原则 ··· 33

第二章　高等教育管理的分类 ·· 43
　　第一节　高等院校文化管理 ··· 43
　　第二节　高等院校课程管理 ··· 48
　　第三节　高等院校课程考试管理 ··· 50
　　第四节　高等院校行政管理 ··· 58

第三章　我国高等教育教学管理体制改革实践路径 ··················· 66
　　第一节　我国高等教育管理体制现状分析 ······························ 66
　　第二节　我国高等教育管理体制的问题 ································· 78
　　第三节　我国高等教育管理体制改革路径 ······························ 82

第四章　我国高等教育课程管理体制改革探究 ·························· 98
　　第一节　课程管理体制改革目标及价值取向 ··························· 98

第二节 我国高校课程管理体制的问题 ……………………… 104
第三节 我国高校课程管理体制改革方略 …………………… 106

第五章 高等教育师资管理的创新实践 ……………………… 116
第一节 高等院校教师职业的性质与特点 …………………… 116
第二节 高等院校教师的职责和基本要求 …………………… 120
第三节 高等院校教师应具备的素质 ………………………… 123
第四节 高等院校教师队伍的建设和发展 …………………… 126

第六章 高等教育学生管理体制的创新实践 ………………… 132
第一节 我国高校学生管理体制发展趋势 …………………… 132
第二节 我国高校学生管理专业化取向体制 ………………… 136
第三节 我国高校学生管理人本化取向体制 ………………… 140

第七章 高等教育教学管理的创新实践 ……………………… 150
第一节 高等教育教学方法创新 ……………………………… 150
第二节 高等教育教学方法创新评价 ………………………… 153
第三节 高等教育教学创新的思路 …………………………… 156
第四节 高等教育教学创新的策略 …………………………… 170

第八章 高等教育信息化管理实践路径 ……………………… 176
第一节 高校教学资源管理信息化现状 ……………………… 176
第二节 教学管理要求体现自由的理念 ……………………… 181
第三节 学校管理要求体现服务的理念 ……………………… 187
第四节 高校教育管理信息化的创新与挑战 ………………… 190
第五节 改革并完善高校信息化教育管理 …………………… 194
第六节 高等教育管理与大数据密切连接 …………………… 199

参考文献 ……………………………………………………………… 201

第一章 高等教育管理的概述

第一节 高等教育管理的基本概念

一、高等教育管理的基本概念

(一)管理的一般概念

管理一般是指在特定的环境下,对组织所拥有的资源进行有效地计划、组织、领导和控制,以便完成既定的组织目标的过程。另外,在学科体系的理论研究中也提到过,管理是人们依据社会发展的客观规律和在特定历史条件下对各种规律的表现方式进行有意识地调节社会系统内外的各种关系和资源,以便达到既定的系统目标的过程。很显然,这两个方面的表述并不矛盾,只是表述的方式稍有差别而已,前面的表述直接一些,比较简练直观,后面的表述比较宏观一些。从社会系统和方法的角度进行表述,这一表述的含义包括以下三个方面。

第一,管理是为实现组织目标服务的,是一个有意识的、有目的的活动过程。管理是任何组织不可或缺的,但绝不是孤立存在的。只要有组织及其活动,就存在管理问题。就管理本身而言,管理不具有自己的目标,不存在为管理而管理,没有活动也就不存在管理问题,管理是依附于活动而存在的,组织活动的目标就是管理的目标,而管理是服务于组织目标的。

第二,管理活动是通过一系列相互关联的资源要素所进行的,管理工作就是要综合运用组织中的各种资源要素,通过计划、组织、控制等来实现组织目标,达到活动的目的效果,这就成为管理的基本职能。

第三,从管理本身来讲,管理活动应该按照自己的规律进行,但是,现实管理活动中的资源并不是孤立存在的,管理工作是在一定环境条件下进行的,管理是一种社会活动，有效的管理必须充分考虑组织的特定环境。

根据研究管理的对象不同，可分为广义的管理和狭义的管理。广义的管理可以是针对大自然中的万事万物的管理，狭义的管理只是针对某项具体活动以及这些活动中的资源所进行的计划、组织、领导、控制。一般我们研究的管理是指狭义的管理，是指组织管理、行为管理和活动的管理。活动的结果，实际上是人的能动性的结果，管理的实质是人，是管理者与被管理者之间发生的矛盾的解决。既然这样，那么，管理就是管理者、被管理者、事项三方形成的特定的活动。

对于管理的分类，现代管理一般可以从多个方面进行划分。第一，从活动的规模与大小，可以分为宏观管理和微观管理。第二，从具体活动的内容，可以分为综合管理和专项管理。第三，从管理的形式上，又可以分为紧密管理和松散管理。当然，这些区分也只是相对的。

（二）管理的基本理论

管理的基本理论有很多，特别是随着现代社会的发展，人们的认识水平不断提高，社会活动不断丰富，社会财富与利益驱动机制更加强烈，新的管理理论在创新、在发展。而系统管理理论、人本管理理论、目标管理理论、标准化管理理论、组织管理理论、模糊管理理论等只是众多管理理论中的一部分，它们既是管理的理论，也是管理的思想和方法。

1. 系统管理理论

系统管理理论指出，管理的任务就是协调系统中的各个子系统以及系统要素，以保持系统的动态平衡，取得系统最佳运行效果。这种管理理论及其方法的核心是把管理作为一个整体的系统，系统就要有系统要素，系统要素就是人、物、活动及其项目。这种管理理论和方法一般应用在大的建设工程、大型活动（内容复杂、组织规模大、投入量大、长时间与长周期）较为合适，当然，这些也只是相对的，因为大和小本身就是相对的。

2. 人本管理理论

人本管理理论和方法是以人为中心的管理，实际上，这种管理理论与方法是最难以做好的，如果把握不好，甚至有时候还会出现偏颇。有效的人本管理实质是人的权力的利用和利益的分配，在这种过程中，既要尊重人，又要让人的潜能充分发挥，是一对很特殊的矛盾。以人为本的管理目的就是发掘人的最大潜能，这种潜能并不完全是指被管理者的，同时也包括管理者。管理者的潜能是工作的积极性和表现出来的工作效益，被管理者的潜能是管理者的思想和艺术施加结果的体现，二者的结合才能达到管理的最佳效果。人本管理理论虽然是一个相对比较早的管理理论，但是在实践中成熟应用的并不是很多、很好。究其原因，传统的、单纯的人本管理理论十分强调管理的"人"这个素质，可以说，低素质的人是难以运用好人本管理理论的，一个管不好自己的人同样也是管理不好别人的，更不用说有效地运用好人本管理理论。不过，现代的人本管理理论加入了一些新的元素，可以说是现代的人本管理理论的发展。

3. 目标管理理论

目标管理理论和方法是一种与利益相关联的刚性管理模式。这种管理理论和方法实际上是与价值理论密切相关的，甚至可以说是以价值理论为基础的。要有一个预先设置的价值目标，然后以这种价值目标的实现为核心而展开的管理活动。价值目标的认同是关键，是目标管理的前提。价值目标的确立也是十分重要的，价值目标必须通过全体成员认同。目标管理理论强调组织目标的制定要得到所有组织成员的认同，没有认同感的组织目标是不切实际的目标，是难以达到组织目标的。实现以价值目标为中心而组织的目标管理活动，是一种刚性的量化管理，因此执行也是刚性的。目标管理理论除了注重价值目标外，具体的应用还有一个公平理论问题，这是由目标管理理论的刚性所决定的。

4. 标准化管理理论

这种管理理论和方法是在专业化管理的基础上，由管理者组织专家制定管理的标准，要通过一定的法律法规程序予以确定。这种管理的思想十分明确，最朴素的道理就是"没有规矩，不成方圆"。标准化管理虽然是组织和专家行为，但标准并不是空穴来风，既要有权威性，又要有社会基础和群众基础，通过科学的过程来制定。在这一过程中有两个十分重要的环节，一个是标准的制定，另一个是标准的执行。第二个方面是标准化管理的要害，有时候可能还是成败的关键。在管理活动中，有了标准不好好地执行，或者执行起来走样，必将导致标准化管理的失败。当然，这不是标准化本身的问题，是实施标准化管理的实践问题。

5. 组织管理理论

组织管理理论和方法的实质是最高决策层通过设置管理的各级组织，规定各级组织的职能，通过领导核心、组织授权、组织实施等进行的管理。组织管理的重点是组织结构的设计，关键是组织职能的授权。同时，也有人把它归结到组织的层级管理理论、组织的能级管理理论、组织的行为管理理论。组织管理理论要有严密的组织结构，要有明确的组织目标和组织功能，同时，要有一套有效的组织运作机制，否则，再好的科学组织，再完善的组织功能，没有好的运作机制也不可能活起来，甚至导致组织管理活动不可能有效地展开。

6.模糊管理理论

这是一种现代的管理思想和方法，特别是在软管理方面，运用模糊教学的管理思想与技术进行管理。这是一种在高层次的人群中实施的行为管理，是一种软性管理。简单管理没有必要运用模糊管理，一般是在复杂的、庞大的、中长周期的、高智商的管理活动中实施。

实际上，我们通常的组织活动中，特别是比较大的组织系统中，运用比较多的是混合管理模式。混合管理是多种管理思想和方法的组合，在规模比较大的大型组织中，管理的内容又比较复杂，头绪又很多，多种活动项目的性质差距较大，运用某一种方式进行全盘的统领往往是不可能的，这就需要运用混合管理的理论和方法来完成。

（三）高等教育管理概念

根据高等教育的目的和发展规律，调配高等教育资源，调节高等教育系统内外的各种关系，进行有效的计划、组织、领导和控制，以便达到既定的高等教育系统目标的过程。这是通常给出的高等教育管理的定义。

从教育管理的层面上讲，高等教育是中等教育基础之上的教育，从管理分类上讲，也可以分为宏观高等教育管理和微观高等教育管理。

从管理的内容上讲，可以分为宏观高等教育管理中的战略规划管理、宏观调控管理，微观高等教育管理中的教育组织内部具体教育管理活动。

从定义分析，高等教育管理具有以下三层含义。

1.高等教育管理的依据

高等教育管理的概念首先指明高等教育管理活动的依据是高等教育的目的和发展规律。高等教育的目的是为社会提供各级各类的高级专门人才。各级各类高级专门人才的教育是指在类别上为普通高等教育、成人高等教育；在性质上为公办高等教育、民办高等教育；在层次上为专科教育、本科教育、研究生教育。这些教育的目的和目标是管理的根本依据。高等教育受到学生身心发展的影响，通过德育、智育、体育、美育等过程，培养全面发展的人。只有把人作为社会关系的总和来看待，才能对人的发展有全面的理解。

2.高等教育管理的任务

高等教育管理的概念指出了高等教育管理的任务，这就是有意识地调节高等教育系统内外各种关系和高等教育资源，以适应高等教育系统发展的客观规律。从一个国家或者地区来讲，高等教育系统是国家或者地区社会系统中的一个子系统；从高等教育组织系统来讲，高等学校也是一个社会子系统。由于系统中存在着多种矛盾，因此，高等教育管理的任务就是协调并解决系统中存在的矛盾。在高等教育管理中，要用系统论的眼光来设计高等教育的整体和各部分之间、要素与要素之间、学校系统与外部环境之间、学校系统内部的子系统之间的相互关系，树立整体的观念，并通过有效的管理实现系统要素间的整体优化。

3.高等教育管理的目的

高等教育管理的概念还指明了高等教育管理的结果是不断促成高等教育系统目标的实现。高等教育管理的目的最终也只是高等教育目的的一种辅助性（工具性）目的。在高等教育系统中，培养人的目的是高等教育的根本目的，高等教育系统的一切工作（包括管理工作）都必须围绕这一目的展开，对高等教育系统中各种关系和资源的协调构成了高等教育管理的目的，它的目的是通过有效的管理，确保高等教育实质性目的的实现。因此，高等教育管理最终也只能是手段。当然，由于高等教育管理有其自身的需要，其自身也有目的，如效率就是管理的目的之一，但它是通过有效的管理来保证高等教育目的有效实现的。

综上所述，无论是宏观的高等教育管理，还是微观的高等教育管理，所依据的是国家的教育方针，组织的发展目标，活动的游戏规则，高等教育的基本规律，社会政治、经济、文化的发展背景与环境，通过立法的、行政的、经济的、市场的等手段进行协调和控制，保证高等教育人才培养质量、推动科学文化知识创新、促进社会进步等目标的实现，最终实现高等教育的可持续发展。

第二节 高等教育管理的本质

一、高等教育管理的行为

（一）管理行为

管理活动中的行为具有其特殊的表现形式，它是管理过程和效果的具体体现，过程和效果反映了管理活动的基本特征，那么，要认识管理的这些过程及效果，必须先分析管理行为，以及这些行为与效果有什么关系。

管理方格理论是基于人们对主管人员的一种要求，即不仅要关心生产而且要关心人的重要意义，他们巧妙地设计了一个方格图以醒目地表示这种"关心"。他们把这种方格图作为训练主管人员和明确各种领导方式之间不同组合的手段。这种方格有两个维度，横向维度是"对生产的关心"，纵向维度是"对人的关心"。

"对生产的关心"一般认为是对工作所持的态度，诸如政策决定的质量、程序与过程、研究的创造性、职能人员的服务质量、工作效率以及产品质量等。

"对人的关心"也包括许多因素，诸如个人对实现目标所承担的责任、保持下属的自尊、建立在信任而非顺从基础上的职责、保持良好的工作环境以及具有满意的人际关系等。

（二）行为类型

在教育行政管理中，管理的内容大致有两类：创建组织机构的行为（为了实现组织的目标）和体贴关心下属的行为。创建组织机构的行为是指领导者在描述自己与集体成员之间的关系时，致力于建立被充分限定的组织的类型，建立信息交流管道以及具体实施过程中的所作所为。这主要包括领导为实现组织目标而与下属的各种相互作用，让下属了解自己的意图和态度；与下属一起实验或实施自己的新想法和新计划；指定下属去完成某些特定的任务；对工作进行检查和评价；制定推行某些标准、制度和规范；促进下属之间的相互合作等。体贴关心下属的行为是指领导者在与下属的相互关系中表示友谊、相互信任和尊重、温暖、支持、帮助以及合作的行为。对下属表示理解与支持；愿意倾听下属的意见；关心下属的个人利益；尽量与下属讨论商量问题，让他们参与组织计划；平等公正地对待下属；愿意进行改革；及时将下属的建议付诸实施等。

（三）高等教育管理中的领导行为

高等教育管理中的领导行为是一种主要的管理行为。这种管理行为同样可以分为两类，创建组织机构的行为和体贴关心下属的行为。高等教育的领导行为所针对的组织系统、组织目标、组织成员、人际关系等都有自己的特殊性，与其他许多社会系统的情况有所不同。从理论上讲，领导者可以调整自己的行为，以适应某一特定的环境和任务。在实践中，领导者不能、也不应该只关注某一类行为，而应当根据具体情况决定采取什么样的领导行为。具体来说，在完成高等教育目标的过程中，各级领导者在为实现目标而履行领导的职责时，其关注的行为领域主要有以下几种。

1. 行政领导者的行为

它主要包括各级领导者或管理者作为负责人行使领导职责时的行为。领导者的职责就是对目标的实现或目标的改变所需的集体活动进行激励、协调与指导。如果不能做到这一点，那就是对领导责任的放弃。一般来说，到了高等教育组织这一层面，组织领导者的行为要对高等教育主管部门负责。各高等教育组织的领导，对围绕着高等教育系统目标进行的活动，在形式和内容上各有特色，即使是同一专业、同一课程的教学活动，在各校之间也是不完全一样的，更由于各校的教师、学生在知识水平、能力结构、兴趣爱好、心理需要及性格特征、校园文化等方面存在着明显的差异，各高校的领导者为完成组织目标而行使领导职责时，所面临的环境条件各不相同，所采取的领导行为当然也是不相同的。

2. 组织集体中的领导行为

这是指高等教育系统中的各级领导者，要为组织目标的顺利实现创造各种各样的条件，对于组织目标的顺利实现而言，领导者的行为所具有的作用分为直接作用和间接作用两个方面。直接作用包括：创建某些专门的组织机构和程序，指定专门的人选去负责完成某项或某方面的工作，对下属的工作进行检查与督促，聘请某一方面的专家等。间接作用包括：不直接参与各类具体的计划，但对计划的制订及实施过程施加各种形式的影响。譬如，提倡某种领导风格、实施某种奖惩措施、颁布某类晋升标准等做法都会对各项具体工作的开展产生重大影响，虽然领导者尤其是高层领导者没有直接插手具体工作，换句话说，领导者的行为也许可能不会对某些特定的具体活动产生影响（即起直接作用），但却对这些活动顺利开展并取得成功所依赖和借助的各种组织机构、过程和程序产生了影响。有时候组织集体中的领导行为是无形的，有时候是起直接影响作用的，或者是干扰性作用的，因为领导的影响行为是权威性的。所以，领导行为应该是分层的、积极的、适度的、有效的。所谓分层，就是指各级的领导行为是有区别的，上一级的领导行为不能做下一级领导行为的事，否则就是越级行为。领导行为的积极性是讲领导的行为对于组织的作用是正面的，不要产生负面影响，否则，领导的行为肯定是错误的行为。领导行为的适度不分哪一级，哪一级领导的行为都必须要有一个度，超过了这个度，可能适得其反。有效的领导行为对管理活动产生好的影响，有效的管理领导行为是与管理活动的结果相辅相成的，有效与否，由结果来检验。

二、高等教育管理的矛盾与冲突

高等教育系统相对于其他社会系统有其独特的活动主体和活动目标，这就使高等教育管理同其他社会系统的管理区别开来，表现出它的特殊性。高等教育的总目标是：培养高级专门人才和发展科学技术文化并与社会经济发展的需要相适应。高等教育管理活动就是要在总目标的指导下，把对高等教育系统的战略规划、资源调配通过制度和机制进行协调。高等教育管理的本质就是协调高等教育系统有限资源的投入与高效益地实现高等教育总目标的矛盾。

管理活动的普遍性（指管理活动作为人类活动的一个重要方面）普遍存在于所构成的各种组织机构中。专门管理者的出现体现出社会系统在结构层次上的性质，表明个人在社会系统中具有的不同位置、作用和性质。既然管理活动中人是管理的主体，显然，管理活动的施加权力是管理系统赖以存在的基础，权力对人的活动的约束性使人们按一定的方式组织起来，以便实现系统的整体目标，也在一定的程度上体现了权力在协调中的作用。协调或称调节是指调整或改善高等学校与校外以及校内各部门或成员之间、上下左右各方面的关系。高等教育的协调任务与高等教育管理的本质要求是相一致的，体现了高等教育管理的基本矛盾和本质特征。

了解管理活动中冲突的本质才能对症下药进行协调。冲突是指由于工作群体或个人试图满足自身需要而使另一工作群体或个人受到挫折时的社会心理现象。冲突表现为双方的观点、需要、欲望、利益或要求不兼容而引起的一种激烈斗争。冲突是人类社会的一种普遍现象，它具有有利和有害两种结果。从有利的方面看，冲突的解决能促进组织的发展，可以增强干劲，形成一种激励力量，它还能促进交流与创新。从有害的方面看，冲突使人产生情绪压力，影响人的身心健康，剧烈冲突带来的破坏作用会浪费资源，不及时解决冲突会影响组织运转，破坏组织目标的实现。因此，必须探讨冲突产生的根源及其解决途径和方法，便于协调。

一般来说，在集体组织成员之中总是存在许多不一致，其中，某些不一致可能上升为矛盾（程度不一的矛盾），这些矛盾关系中比较激烈的便会转变为明显或不明显的冲突。冲突一般分为三类：第一类是认知型冲突。由信息因素、知识因素、价值观因素等引起的冲突都属于认知型冲突。这种冲突随着双方认识趋于一致就能得到缓和与克服。第二类是感情型冲突。这是一种非理性因素引起并为这种非理性因素所控制的冲突，也可能是由认知性因素所诱发，最后为非理性因素所支配的冲突。个性相抵是这种冲突最常见的诱因，它持续时间长，破坏性大。第三类是利益型冲突。这是一种由本位因素引起的目标冲突。社会中的个人和群体在处理问题时所关心的利益不同，从本位出发就可能引发矛盾和冲突，伴随利益的再分配，这种冲突可以克服。在日常的社会活动中，随处存在可能导致冲突的根源，一旦有了起因，这种潜在的冲突随时会转变为现实的冲突。

产生冲突的原因有以下几种。

第一，人的"个性"。从人的本性讲，不满情绪积累到一定程度就会形成冲突，需要有适度的发泄。

第二，有限的资源争夺。资源在一所高校总是有限的，而需要却是无限的，为争夺有限的资源而产生的冲突在所难免。

第三，价值观和利益的冲突。不同经历的人价值观容易形成冲突，部门和个人都可能因利益而形成冲突。

第四，角色冲突。由于个人和群体所承担的角色不同，而不同的角色都有其特定的任务和职责，从而产生不同的需要和利益，因而发生冲突。

第五，追逐权力。它是一种权力欲望的争夺。

第六，职责规范不清楚。其导致对任务的要求产生冲突。

第七，组织的变动。组织的变动会导致利益的重新组合而产生冲突。

单从冲突的结果看无外乎三种可能：一胜一败、两败俱伤和两者全胜。

显然前面两种结果都不是理想的结果，这些结果往往潜伏着第二次更大的冲突，领导过程应尽量避免这种结果出现。第三种结果是在双方都较满意的基础上解决冲突而得到的，这是可取的解决问题的方案，这就需要很好地协调，有效地协调是我们协调的目的。

（一）冲突的协调与解决方法

1.认知型冲突的协调

在高等教育系统中，从宏观方面来讲，在高等教育如何适应国家政治、经济、文化的发展，每一个发展时期如何规划，区域高等教育的发展、高等教育发展速度的快慢、高等教育的科类层次结构等的确定，不同的决策者及管理者会产生不同的意见。在微观高等教育管理中，学校教育是非常具体的管理活动，对于学校如何定位、如何发展、如何运用学校有效的教育资源，在培养目标、课程设置、培养计划的拟定和实施、教学与科研活动的具体展开、各项工作的总结评价等方面都可能出现一些不一致和矛盾，甚至会形成明显的冲突。

一般来说，增加交换看法、进行交流协商的机会，消除可能由于误会与信息不全所导致的认识目的不一致；进行"和平谈判"，把对各种原因和结果的认识都拿到桌面上来，这需要领导者的权威和协调能力；提供学习机会，提高大学组织内成员的认识能力和观念水平，这不仅针对冲突双方，而且针对冲突涉及的各方，大家都需要提高自身的认识水平；调整或改善组织内部有关结构，使各种不一致、矛盾和冲突能够最大限度地被比较完善的组织结构和人员组合（搭配）所"稀释"和"化解"；用超然的态度承认并超越某种冲突，这种方法可能有助于解决某种矛盾冲突。具体来讲，要解决这类矛盾和冲突，最好的办法就是在学习和研究的基础上，开展对高等教育的教育思想、教育观念的大讨论进行认知统一，要提供公开交流的平台和场所，进行认知交流，认知融化，消除和化解形成矛盾和冲突的原因，使组织成员和冲突各方在观点上达成一致，或者提高他们的认识水平。

2. 感情型冲突解决的方法

这是一种非理性的冲突，主要存在于微观高等教育管理的活动中，相对于某个方面的具体事项，带有个人的情感色彩。其原因可能是一些微不足道的小事，也可能是不同的性格、爱好，甚至可能找不到原因。在高等教育系统中，解决这类冲突的方法可以通过提高成员的心理素质，使其具有能够承受一定的情感冲突的能力；提高认识水平，认识冲突的原因是微不足道的，认识冲突的结果可能会产生严重后果；施行合理且公正的奖惩手段，坚持规章制度的原则性，对于坚持感情办事而导致不良后果的，做出制度上的处理；进行感情牵引，引导感情向有益的方向发展，如完善和改进目标管理，把成员的注意力集中到实现高等教育目标上去。对于某些历史性的感情冲突，最好的解决办法也许是让时间解决，因为时间可以抚平某些感情创伤，并教给人许多书本上没有的道理。

3. 利益型冲突的协调

利益冲突有一种特征，如果利益的消长或损益幅度不超过某一程度，则这种冲突不仅不可怕，而且对集体的凝聚力和组织目标没有太大的影响或破坏作用；如果超过了某一较高程度，则会导致整个组织或系统的瓦解。因此，需要解决并能够解决的利益冲突基本上都是处于这两者之间的利益冲突。利益冲突是冲突各方在各自追求效用最大函数值（或最大利益）的过程中构成的冲突。利益冲突所围绕的中心就是利益，而利益在各人的眼中是不一致的。一般来说，出现冲突时，组织中可能存在无数个个体利益或自身利益，也可能存在多个不同规模的共同利益，但最大的共同利益只有一个。对于作为利益代表的个体或群体来说，他们的自身利益也只有一个最大值，这两个最大值就是"自利最优解"和"共利最优解"。

另外，它们也不是一成不变的，它们会因环境变量的改变而发生变化。因此，利益冲突的解决是一个因地制宜的过程。在高等教育系统中，各子系统，甚至更小的群体和个人都有自己的切身利益。他们在实现系统目标的过程中也同样追求自己的切身利益。在解决这种矛盾时，有两种方法：第一，通过政策法规来约束，明确整体与局部利益、局部与局部利益、个人与组织利益、组织与组织利益、个人与个人利益的关系，公平公正地解决这些利益冲突。第二，应注意加强思想政治工作，把物质奖励和精神鼓励结合起来，处理好国家、集体和个人三者之间的关系，这是高等教育领导必须研究和解决的重要问题。

总之，要充分认识高等教育系统中存在的矛盾运动规律，特别是在微观高等教育管理中，要按照矛盾运动规律来解决这些问题。

但是，高等教育系统的三种矛盾是有机地联系在一起的，每一矛盾系列的解决都关联到其他矛盾系列的解决。因此，在高等教育管理活动中，要从整体出发去解决高等教育系统所存在的矛盾，即进行系统的、科学的管理。如果不从整体的角度去处理系统内部的矛盾及系统与环境之间的关系，看不到矛盾之间的相互关系和相互转变，那么，就会激化矛盾，破坏高等教育系统内部的稳定性，就不可能实现高等教育系统的整体目标。如果系统的整体目标与实现这些目标的现实条件差距过大，则目标就难达到，反过来又会挫伤人的积极性。所以，高等教育系统目标的实现过程本质上是一个系统与环境、系统内部矛盾关系不断得到协调和解决的过程。

（二）高等教育管理中对待矛盾与冲突问题要注意的事项

1. 避免人为地制造矛盾和冲突

从源头上避免矛盾与冲突的出现，这就是我们要注意的源头方面。在制定各种政策制度时要科学合理，要经过专家论证和民主决策，千万不要匆忙出台不合时宜的政策制度。在管理活动中尽量避免矛盾与冲突。我们知道，高等教育管理的本质特征与企业管理、经济管理有很大的差别，中国高等教育的管理在具有行政性一面的同时，又是学术性很强的专业管理。行政管理需要很强的透明度，只有把握好了透明、公开、公正的度，才有可能在管理活动中避免人为地制造矛盾。

2.实事求是地化解矛盾与冲突

矛盾与冲突在管理活动中始终是存在的，关键在于如何去化解。化解矛盾与冲突要本着实事求是的态度：第一，要敢于承担由于管理者的原因引起矛盾与冲突的责任，用真诚来化解矛盾与冲突。第二，一旦矛盾与冲突出现，既不要大惊小怪，也不要消极怠慢，要以积极的心态与行动去化解矛盾与冲突。

第三节　高等教育管理的属性

在社会活动中，为了与高等教育系统整体性相适应，高等教育管理一开始就提出两个目标：第一，为使个体同整体相适应，用系统整体去整合各系统的个体，以实现系统整体功能的目标。第二，为了实现系统效益的最大值，要求把具有一定功能行为的个体有机地结合在一起，达到系统最大的"结合力"功能的目标。只有这两个目标的综合，才能使系统整体功能大于系统中各分散个体功能之和。这是高等教育管理的系统属性。这两个目标的矛盾运动规定了高等教育管理的两条基本规律：第一，高等教育管理的自然属性与社会属性趋于一致的规律。自然属性具体表现为高等教育管理的个性和特殊性，社会属性具体表现为高等教育管理的历史继承性和为阶级服务的政治性。第二，高等教育管理的封闭性与开放性的矛盾统一的规律。这是高等教育管理最重要的本质属性。

一、自然属性与社会属性

高等教育管理的自然属性主要表现在普遍性方面。高等教育的管理是一种社会活动，社会活动的有序进行就需要进行管理，因此，高等教育管理是社会活动中普遍存在的一种管理现象。在当今社会中，高等教育已经成为一种国民的素质需求乃至消费需求，成为一种国家和民众的普遍需求，特别是在高等教育大众化的时代，高等教育管理已经成为一种普遍的专业管理。

高等教育管理的共性方面，即高等教育管理在各个历史发展时期都具有明显的共同点，这些共同点不因国家的政治、经济、文化等差异而有所变更，也不因历史时期的变化而消失。正是由于这种共同性，中国传统高等教育中的优秀部分就应当继承和发扬。现代大学申请硕士、博士学位程序基本同过去一样，只不过是在此基础上更加完善。这就是高等教育管理的"古为今用，洋为中用"。这些共同点来源于高等教育管理活动的循序渐进，在发展过程中所形成的特点和规律，成为高等教育活动中遵循管理的一般原则，表现出它的共同性特点。另外，在高等教育管理的技术性方面，高等教育管理使用的技术和方法一般不受社会制度的影响，各国都可以相互学习先进的管理技术，如数学、经济学、计算机科学等，更加丰富了高等教育管理的内容，推动了高等教育管理的发展。

高等教育管理的社会属性包含两层含义：第一，高等教育管理具有历史文化的继承性，即在人类创造历史的过程中，由于社会及自然环境不同所形成的各种地域文化在高等教育管理活动中留下深深的烙印。第二，高等教育管理具有政治性，因为高等教育管理是与权力关系联系在一起的，高等教育的体制和有些制度、政策是社会制度和政策的一部分，是为一定的政治服务的。作为高等教育的管理者，特别是高级的、高层次的管理者，一定要懂得管理的社会属性，高等教育管理必定具有社会属性，并且，要搞清楚管理的社会属性在哪些方面。

自然属性与社会属性是高等教育管理活动本身所具有的两种属性，两者处于矛盾统一体之中。高等教育管理的两个目标，规定了高等教育管理两种属性是一对相对统一的矛盾，此两者之间的矛盾运动使高等教育管理不断得到改善。同时，高等教育管理的两种属性又统一于高等教育管理计划、组织、领导和控制等管理环节上，根本上统一于高等教育管理的效益上。没有社会属性，没有维持系统整体特性的功能目标，就不会有产生最大"结合力"的需要，高等教育管理的自然属性就失去了存在的基础而无从实现它的自身价值。把高等教育系统内成员的个人目标整合成系统整体特性的功能目标，目的在于把分散的具有一定功能行为的个体结合起来，实现系统功能的"放大"，而离开了自然属性，高等教育管理的社会属性也不可能体现出来，它的社会价值目标也不可能实现。

二、封闭性与开放性

高等教育管理的封闭性是指在高等教育管理过程中，根据高等教育管理的特殊矛盾而在高等教育系统内部自我运转和良性循环的性能；高等教育管理的开放性是指在高等教育管理过程中，根据高等教育管理的特殊矛盾而在高等教育系统与外界环境相互关系中实现物质、能量、信息交换的性能。就高等教育管理的封闭性而言，在高等教育系统内，无论进行什么高等教育管理工作，一个首要的前提就是在一个相对独立、完整的高等教育系统内部，按照高等教育系统的特定目标而进行优化组合，即在高等教育系统的"投入加工产出"的过程中构成一个相对封闭的系统。没有相对的封闭性，高等教育系统就没有相对稳定的环境，任何对高等教育系统的分析及高等教育管理活动过程都不可能按照自己的独特方式运行。这种相对封闭性是一种客观的存在，是更好地进行高等教育管理的必然要求。当然，完全封闭的高等教育系统是不存在的，因为完全封闭就意味着与环境不进行任何物质、信息的交换，这样的高等教育系统必然会逐渐消亡。因此，这就是我们所指的高等教育系统和高等教育管理的封闭性又具有相对性的方面。现代社会中，任何一个系统都不可能是封闭的，封闭是相对的。就高等教育管理的开放性而言，高等教育系统受外界环境的制约和影响，只有开放才能获取更大的信息资源和物质资源，才能进入社会大系统中去循环，去成长壮大。纵观中国高等教育的改革与发展，中国高等教育管理的现代化进程的不断加快离不开开放，我国高等教育管理的很多思想与观念就是通过改革开放得到启发的，很多技术与方法就是在国际高等教育的大背景下开发与形成的。

现代社会大生产催生了科学教育的迅猛发展，科学教育的内容、科学教育的方法，无不是来自于社会的。那么，高等教育的管理在思想上要开放，要引入先进的管理思想和方法，但高等教育管理最本质的东西不要去改变它，这就是开放性的基本原则，也是封闭性和开放性的矛盾统一的需求点。高等教育管理的封闭性与开放性的矛盾在于：如果片面强调高等教育管理的封闭性，为高等教育系统的"存在"花费更多的人力、物力和财力，那么就会影响系统的外延"发展"，失去了取得更大效益的机会；如果片面地强调高等教育管理的开放性，过分注意高等教育系统效益的最优化，而忽视甚至否定高等教育管理的相对封闭性,破坏高等教育系统自身,就会只强调系统"发展"而忽视系统"存在",这将导致高等教育系统的紊乱和能量的消耗,最终将导致系统的"存在"基础动摇。无论是高等教育管理封闭性还是高等教育管理开放性,其目的都是为了使高等教育系统的生存和健康发展得到保证,具体地表现在统一于高等教育管理的诸环节上。高等教育要向世界开放,汲取世界上先进的管理经验,包括一些先进的管理制度。要向其他行业开放,走开放办学的道路,特别是在市场经济体制下,企业管理是最活跃的,产生的现代企业管理的先进理念和方法尤其值得高等教育管理借鉴。

高等教育管理的自然属性与社会属性的两重性是我们要充分认识清楚的。两重性规律以高等教育系统中一切有目的的活动为基础,自然属性和社会属性、封闭性和开放性是高等教育管理本身所固有的。

因此,高等教育管理的自然属性及其客观性规律,不仅在对高等教育管理的认识上,而且在高等教育管理的具体活动中都是必须要遵循的。高等教育管理活动中两重性规律揭示的是高等教育管理固有的自然属性和社会属性、封闭性和开放性及其相互联系,这种联系由高等教育管理的"整体功能"和"结合力功能"两个目标的矛盾运动所规定,事实上,两重性从整体上反映了高等教育管理的特殊矛盾。因此,管理属性要素之间的联系是本质的和必然的。

总之,我们研究高等教育管理的自然属性与社会属性、高等教育管理的封闭性与开放性,以及它们的规律在高等教育管理过程中是共同存在、相对稳定的,是高等教育管理本质的反映,是高等教育管理的基本规律。

第四节 高等教育管理的特点

一、高等教育管理目标的特殊性

显而易见,事物之间的区别就在于它的特殊性。了解了高等教育管理的特点,我们就能遵循它的本质规律,有针对性地协调管理活动中的各种矛盾,清醒地驾驭各种管理活动。

高等教育系统目标的特殊性决定了高等教育管理目标的特殊性。高等教育系统的主要目标是根据高等教育的功能来确定的,因此,对管理的功能与目标相应地提出了特定要求。高等教育管理的功能就是要通过计划、组织、协调、控制等使高等教育更加符合社会发展的要求，符合社会生产力的要求，这种要求表现在教育的层次、结构、规模和质量等方面的目标。

另外，在微观方面，高等教育管理要使组织中的每个成员按高等教育规律办事，更好地完成既定的目标。高等教育系统的目标是根据高等教育规律和社会发展对高等教育的需求来制订的，所以，高等教育系统的协调活动也应该以高等教育的规律为指导，而不能简单地照抄企业管理中的某些方式方法。从这个意义上说，高等教育的微观管理是以更好地培养人才并且着眼于提高人才的质量为根本目标的管理活动，它不能，也无法以只追求经济效益（更不能以追求利润为目的）为目标。如何将社会效益和经济效益有机地结合，纳入高等教育管理的目标中，正确地处理好社会效益与经济效益的关系，这是高等教育管理工作者值得研究的，这也正反映高等教育管理目标的特殊性。

高等教育管理具有两个最基本的目标功能：第一，尽其所能地将系统内的各种关系和资源凝聚起来，形成一个整体，这也就是管理的"维系"功能；第二，最大限度地围绕系统的整体目标，发挥要素的主动性、积极性，更好地实现高等教育系统的整体目标，这也就是管理的"结合"功能或"放大"功能。高等教育系统是由有关教育行政机关和各级各类高等学校所组成的系统，它的结构与功能与其他社会系统有所不同。高等教育在同其他社会系统进行物质、能量和信息交换的过程中，在为社会提供精神产品的同时，也提供物质产品，这种物质产品表现在劳动力方面、科学技术成果方面、现代文明与文化产品方面，也可能形成工业产品。高等教育系统是最具创造力的社会系统，通过各成员、各要素主观能动性的发挥，可以最大限度地实现"系统大于部分功能之和的效果"。但反过来，如果教育者及教育资源中的人的主观能动性发挥不好，这比其他任何社会系统都更有可能制约生产力的发展。所以，高等教育管理者要充分认识到这两大功能的特殊性，并注意将此二者有机地结合起来，用凝聚力推进整体的结合力，用系统的发展加强整体的凝聚力。

不论是宏观高等教育管理还是微观高等教育管理，高等教育管理资源要素的特殊性具体表现在三个方面。

第一，这是由一群高级知识分子组成的特殊的群体，组织及其成员的特殊性就构成了要素的特殊性。从高等学校管理的主体和客体来看，即管理者和管理对象两个方面看，组成高等教育系统的主体要素之一是教师，是创造和掌握专门知识的群体。因此，对他们的管理要符合这一群体的心理活动和以个人脑力劳动为主的集体性活动的特征。另外一个高等教育系统的主体性成员之一是学生，是一群18岁以上、受过完全中等教育的青年，对他们的管理和协调方式要符合他们身心发展阶段的特殊性。正是由于高等教育系统组成人员的特殊性，管理中存在着一种特殊的管理现象，这种现象强调和要求自我管理。应该说，自我管理是任何管理中都存在的一种现象，但是，在高等教育管理中，自我管理尤为重要，这是一种身心和智力发展的自我管理，他们需要学到或养成具有自我管理、自我组织、自我发展的能力。他们的心理特征也表明，在教育过程中，完全有必要让其发挥自己的自我组织管理的能力，才能更好地促进发展。所以，管理对象是高等教育管理要素最重要的特点。

第二，教育投资与经费的管理是一项复杂的工作，因为它的用途是复杂的，有时候还不能用绝对的量化管理来处理，有时候投入产出还不能在短期内就能见到成效，经济回报率可能很低。这就是高等教育的经费管理有别于企业管理、行政管理、经济管理等的特殊性。

第三，教学与科研的物资设备的管理特殊性表现在这类资源不完全是生产性资源，这些物资设备是建立在教学科研功能上的，是为了完成教育教学实验实习、科学研究开发等，它不仅仅是一套设备，可能是一个一个教学实验和科学研究的基本平台。

高等教育资源的特殊性构成了高等教育管理的特殊性。高等教育资源是指整个社会用于教育领域中的人力、物力和财力以及知识产品、文化产品等的总和，有效的、可利用资源是指高等教育的主办者对高等教育的投入所形成的资源，主要表现在经费投资方面。社会用于教育资源的来源又与社会中的区域发展相关联，与政府对教育的投资相关联，教育是一种事业投资，但是它又不仅仅是纯粹的事业投资，因为它的投资对象决定了不可能完全的事业投资，事业的投资对象主要是针对公共事业，公共事业是针对大众的，基本上所有的民众都可以享受到。

二、高等教育管理活动的特殊性

从宏观高等教育管理来看，高等教育事业具有很强的战略性、前瞻性。高等教育的管理活动整体的发展规划关乎长远的社会民生问题，需要许多专家系统来完成，活动的内容涉及民族文化、区域经济、人口发展、科学技术水平、社会环境等。从微观高等教育管理来看,高等教育管理活动的特殊性体现在高等教育组织管理的活动中,最主要的表现特点之一就是要协调学术目标与其他目标之间的矛盾。学术目标是一种高智力投入和高智力劳动的追求,除了个体的高智力劳动外,同时还要强调高智力劳动的结合、高智力劳动者的团结协作。高等教育系统的主导性活动是传授知识、创造知识,高等教育所培养的各类专门人才和高等学校所提供的各种科技成果主要是通过学术水平和应用价值的高低来衡量的,管理活动的学术性十分强,而这种学术性不可以用一般行政性的方法进行管理。因此,学术目标的组织、协调、实现等是高等教育管理活动中的特殊矛盾,这就要求高等教育管理活动一定要重视学术这一特殊目标,使这一特殊的管理目标与学术目标相符合。高等教育组织中的教学活动是教与学的双边关系,高校师生是一个特殊的群体,在完成教学目标和管理目标的过程中,师生参与到具体的教学管理活动,达到双边认知认同,教学民主就显得更加重要。大学教职工是高等教育系统中能动的力量,是实现高等教育管理目标的智慧源泉,要发挥他们的智慧和力量,学术自由是高等教育管理必须考虑的问题。高等教育系统中实行学术民主将激发师生员工极大的能动作用,使大家从信任中受到鼓舞,在学术自由这个平台上施展自己的才华,在学校的管理活动中真正地成为中坚力量。

第五节 高等教育管理目标

一、目标及高等教育管理目标

(一)目标的含义和特性

目标就其词义来说,是指目的,如为一个共同的目标而奋斗。具体来说,目标是指在一定环境条件下和一定范围内,个人群体或组织以预测为基础,按一定的价值观,对自身行为所确立并争取达到的最终结果的标准、规格或状态。

目标是主观见之于客观的东西。一方面,目标集中反映人们的设想、愿望,体现其意识的主观能动性;另一方面,目标又超前反映未来的标准或状态,体现其存在预想的客观现实性。因此,作为目标,总要使主观需要和客观可能保持一致。目标具有以下特性。

1. 未来的导向性

目标属于方向的范畴，是经过努力能够展现未来可以达到的前景。目标是对未来的预测，是超前思维的产物，对人类的实践活动具有引导作用。任何组织、部门要提高其管理效能，都必须制定某种方向维系和组织各个方面，以指引单位成员共同活动。只有使目标的影响渗透到各项工作中，才能达到鼓舞士气、增强凝聚力、提高工作效率和效益的目的。

2. 主客观的统一性

目标既是由人所设想和确立的，是"观念地存在着"的东西，它又总是人对客观认识的反映。人对客观现实有了正确的认识，才可能制定出正确的目标。正确的目标，必然是主观设想和客观存在的统一。主观和客观的高度统一性，是保证目标正确性的前提和基础。

3. 社会的价值性

目标不是组织自身所能完全决定的，也不纯粹是个人意愿的表现。按照系统论的观点看问题，任何组织都是社会中的或大或小的分子，其存在和活动的方式均受社会的制约。因而目标的确立必然要反映社会的要求。这种基于客观现实、体现主观意志、反映社会要求的目标是人们认同的一种方向，其一经确立，便具有使人们为之崇尚和追求的价值。

4. 系统的层次性

目标不可能是单一的，各级目标纵横排列，形成了层次结构。一般来说，上一层次的实现目标的措施，成为下一层次的目标；达到下一层次的或局部的目标，是为了实现上一层次或总体的目标服务的。高层次的目标往往从宏观角度出发，体现其战略性和概括性的特点；而低层次的目标往往从微观角度出发，反映出战术性和具体性的特点。

目标有从属目标和递进目标，有隶属层次（总体、部门、个体）、时间层次（远期、中期、近期）、要求层次（高级、低级），构成目标系统。

5. 过程的实践性

目标的实现是连续性和阶段性相统一的过程，也是完成主观走向客观的过程。这一过程归根结底是实践的过程，离开实践就不可能制定出正确的目标，就谈不上目标的实现。因为目标总是在认识、实践、再认识、再实践的过程中制定、调整和实现的。

（二）高等教育管理目标的含义和规律

1. 高等教育管理目标

高等教育管理目标是指高等教育主体根据实现高等教育目的的要求，对各项高等教育管理活动中管理对象在一定时期内所要达到的预想结果做出的标准规定。从根本讲，与高等教育的育人目的是完全相统一的。随着高等教育改革的不断深入，高等教育与社会的经济、政治、文化等各个方面的联系日益密切。相应地，也日益承担起更多的社会职能。它需要面对各种各样的社会期望，尽力满足多方面对知识和人才的需求，这就带来了高等教育管理目标的多样化。

2. 高等教育的管理目标

高等教育既具有外部规律，又具有其内部规律。外部规律是指高等教育必然受到社会诸因素的制约和必须为社会的政治、经济和文化等方面服务的规律。内部规律是指高等教育必须遵循人的认知、成长和发展规律以及人才培养规律。

从外部规律和内部规律的划分方法出发，高等教育的管理目标，可以划分为外部目标和内部目标。外部目标是反映高等教育社会功能，即在经济发展和社会进步中所起作用的目标。内部目标则指反映高等教育活动状态的目标，如教育目的、要求、途径、质量、水平、条件保证等方面的目标。因而，外部目标可以说是功能性目标，内部目标则可以说是状态性目标。

外部目标体现在高等教育主管部门对教育活动的决策和控制上，内部目标则体现于高等教育实施部门（高等学校）对自身价值的追求上。

二、高等教育管理目标确立的意义

（一）高等教育管理目标确立的意义

在高等教育管理活动中，确立其管理目标具有十分重要的意义。

1. 目标是高等教育管理的出发点和行动依据

目标具有决定管理活动方向的作用。高等教育管理目标，决定高等教育管理活动的方向和任务，规定高等教育管理活动的内容，影响高等教育管理活动的途径和方法。高等教育管理活动，是为了最终有效地实现高等教育管理的目标。没有目标的高等教育管理就失去了方向和意义。高等教育管理活动的全过程应着眼于对目标的管理，高等教育的一切管理活动要围绕着实现高等教育管理目标这一根本任务。

2. 目标是调动高等教育管理者自觉性的重要手段

目标具有激励和鼓舞作用。做任何事都要注重效果，高等教育管理也不例外。虽然效果的取得受多种因素的影响，但人的自觉性和有效性是直接相关的。自觉性越高，有效性就越大。因此，确立并使管理者明白高等教育管理的目标，才能使之形成自发的思考和积极的行为，进而产生热情和激情。

3. 目标是处理高等教育管理主客体矛盾的必要条件

目标具有修正、完善作用。目标既是预期可以达到的，也是需要经过一定的努力才能达到的。确立目标的全过程，也是分析和认识主客体矛盾的过程。实现管理目标的努力过程，也是发现矛盾、处理矛盾和最后解决矛盾的过程。

4. 目标是检验高等教育管理效果的依据

目标具有评估作用。检验高等教育管理的效果，主要不是看做了多少事情，而是要依据原来确定的高等教育管理目标检验实际管理活动的效果，做那些事倍功半的事情是与科学管理的要求相悖的。只有确立高等教育管理目标，才能检验其管理成效的高低和效果的大小，才能使高等教育的评估有章可循。

（二）高等教育的目标管理

高等教育目标管理是高等教育管理者引导高等教育实施部门以及全体成员共同确定高等教育管理目标及其体系，以目标为中心，明确各自责任和发挥各方面主动精神，协调和控制培养各类高级人才的工作进程，检查和评估完成状况的组织活动。简而言之，就是一种对高等教育目标的确定、实施和评估全过程的管理。

高等教育的目标管理，其基本含义包括以下内容。

1. 高等教育目标管理和高等教育管理一样，均是高等教育的组织活动。但目标管理活动的特点是"以目标为中心"，与高等教育的计划管理、质量管理等有区别。

2. 任何活动都是有过程的，在高等教育目标管理的活动过程中，目标是贯穿始终的主线，表现在目标的制定执行、检查和评估等方面。

3. 高等教育目标管理的提出和发展，在关注人的同时，也要注重人和工作的结合。必须使各层管理者和被管理者明确自身的责任，提高自觉性，做到自我控制、自我检查和自我评估。

高等教育管理的核心是高等教育的目标管理。目标管理活动的一般程序是目标制定、目标实施、目标检验、目标价值。这与一般常规管理过程中的四大环节，计划—执行—检查—总结基本上是一致的。因此，围绕高等教育的目标管理的过程，就能更好地实现高等教育的有效管理。

三、高等教育管理目标确立的依据

高等教育管理目标的确定，需要科学的依据。高等教育管理目标是整个高等教育发展目标的一部分，它的确立必然受制于高等教育发展的各方面的因素。确立高等教育管理目标，既要适应社会发展的外在要求，又要符合高等教育发展规律的内在需要，还要考虑高等教育管理对象的诸因素的不同状况。

（一）高等教育管理目标确立的社会发展依据

确立高等教育管理目标，必须把高等教育的发展放在整个社会发展中考察。当今社会，科学技术突飞猛进，综合国力竞争日趋激烈。为了迎接新的挑战，国家制定了科教兴国的战略，从而为高等教育的发展提供了良好的机遇。

人类社会的发展，至今经历了从原始社会向农业社会的第一次转变和从农业社会向工业社会的第二次转变。今天，人类社会正经历着从工业经济时代向知识经济时代的第三次转变。知识经济是以知识资源为第一生产要素的经济，是以高技术产业为支柱产业的经济，知识经济的基本要求和内在动力在于知识创新和技术创新。

（二）高等教育管理目标确立的教育发展依据

实行高等教育管理，旨在为高等教育的改革和发展服务，最终实现高等教育目的。高等教育的发展离不开党的教育方针和政策的指导，高等教育管理应根据党的教育方针和政策目的要求来确定目标。

1. 现代高等教育的改革和发展

要求人们必须重视和研究国际经济、科技的发展趋势，增强教育的开放意识，认真借鉴世界各国的有益经验，从而加快发展我国的高等教育事业。这要求高等教育管理目标的确立既要围绕国家和社会对高等教育发展的基本要求，又要体现在管理理论上的科学性、管理理念上的时代性、管理实践上的高效性、管理内容上的切实性、管理过程上的目的性。

2. 高等教育管理目标的确立

如果缺少管理科学的思维方式，就不能使其目标合情合理，切实可行，就难以达到实行目标管理的目的。

如果缺少时代特征，就不能使其目标符合高等教育改革与发展的要求，就有违高等教育管理的初衷。

如果不能使其操作简便、明了、易行，就不易被管理的主客体双方接受，就难以达到事半功倍的效果。

如果其内容要求不切实际，不考虑各地、各层次、各类型的具体情况，就难以真正为高等教育的改革与发展服务。

如果在实行其全过程的各阶段，要求不明确，就会形成操作中的盲目性，并且难以在实践中加以修正，就不可能达到最后目标的要求。

3. 以高等教育发展为依据

高等教育的改革和发展，旨在更快更好地实现高等教育的目的，这一目的集中反映在国家和社会对人才的需求上。只有以高等教育发展为依据，才能体现管理目标的确立可以为培养社会主义建设要求的人才服务。

（三）高等教育管理目标确立的工作目的物依据

高等教育管理对象包括人、财、物等多种类型，通常称之为管理工作的目的物。在人、财、物各类管理对象中，人是最为关键的，因为财和物的管理最终均是由人来实现的，从这层意义上来说，高等教育管理的对象主要是人。由于人的层次、素质和水平的差别，高等教育管理的具体目标有所不同。如果不依据高等教育管理对象的不同层次和具体情况，把目标定得过高或过低，都会影响高等教育管理工作的成效。

高等教育管理对象具有双互性，既是管理者，又是被管理者。较之于高层管理者而言，中层管理者则是被管理者，较之于中层管理者而言，基层管理者则是被管理者，而基层管理者又是具体事物的管理者。不可否认，在当前高等教育管理对象不同层次的人员中，其整体素质，无论从思想观念、文化水平，还是业务能力，与以前相比都有提高。但是，随着高等教育的不断发展，高等学校结构布局的调整和管理体制改革的深入，部分人的育人观念、时代观念、敬业观念、服务观念等适应不了形势发展的要求，心理承受能力不足，主人翁意识不强。

如果对上述情况不做深入了解和具体分析，那么就难以制定出切合实际的具体目标。另外，由于各地区发展的不平衡造成的高等教育发展的不平衡，显示出高等教育管理的差异性。如果在制定目标时不考虑不同地区管理水平及要求的差异性，对发达地区和不发达地区采取"一刀切"的笼统管理模式，那么，其目标就会造成空洞及操作过程的不切实际，从而使确立的目标流于形式。

四、高等教育管理的目标模式

高等教育管理的目标模式包括管理目标确立的理性模式、渐进模式和综合模式。

（一）管理目标确立的理性模式

理性模式主要的要求是切实，即目标的制定者根据完备的综合信息、客观的分析判断，针对许多备选的目标方案进行论证评估，排定优劣顺序，估计育人的成本效益，预测可能产生的影响，经比较之后选择最佳方案。这种模式是以理性的行为作为选择基准的。理性的行为是扩大目标成就的行为，是根据客观资料，确立目标手段的行为。

理性模式的最终目的，是希望能够设计出一套程序，使管理者利用此程序，能够确立一个有最大"净价值成效"的合理目标。即希望能花最小的代价，获取最大的成果。而具有最大"净价值成效"的目标，就是一项理性的目标。"净价值成效"是指目标所要求的效果大于其付出的价值。在这个意义上，理性和效率意义相同。效率是价值输入和价值输出的比例。一个理性的目标就是效率最大的目标，目标所要求的价值与其在实行过程中所付出的价值之间的比值大于1。理性模式是人们在追求理性目标努力下创造的，是对理性目标制定过程中一种概括和抽象。

理性模式要求应满足的条件是：

（1）知道所有的教育要求及其相对的重要性。

（2）知道可能的多种目标方案。

（3）知道各种目标方案可能产生的结果。

（4）能估计目标方案所能实现的与不能实现的教育要求的比值。

（5）能选择最佳的目标方案。在这个模式中的理性，是指人们不仅要能知晓、权衡整个教育要求的实现程度，而且还要有关于目标方案的详尽资料、正确预测各种目标方案后果的能力，以及能准确把握管理成本与育人要求的操作程序。

理性模式可以促进高等教育管理目标确立的合理性，使内容切实，要求适中，操作可行。然而，由于管理者的能力和掌握的知识有限，其目标的确立不可能完全满足理性化的要求，从而需要通过渐进的方式加以修正。

（二）管理目标确立的渐进模式

渐进模式的主要要求是调适（或修正），即运用"边际调适科学"的方法，以现行的目标为基础，通过时段的实践，再与其他方案相比较，然后决定哪些内容需加修改，以及应该增加哪些新的内容。

1. 渐进模式的内涵

（1）管理者不必企图建立与评估所有的目标方案，只需着重于那些与现行目标有渐进性差异者即可。

（2）管理者只需考虑有限的目标方案，而非所有备选方案。

（3）管理者对每个方案只需论证几个可能产生的重要结果。

（4）管理者面临的问题一直在被重新界定，注意要求一手段与手段一结果的调适，使其过程的问题较易处理。

（5）高等教育管理的问题尚缺乏最好的解决方案，需要在目标实行过程中发现问题和逐渐解决问题。

（6）渐进模式具有补救性质，适应解决现实的与具体的问题，对目标趋势进行修正。

（7）渐进模式在于边际的比较，根据边际效果进行抉择，并不全面考虑每一项计划或每一个方案，所确立目标的优劣情况主要取决于管理者态度一致的程度。

与理性模式相比较，渐进模式较接近实际的管理情况，模式的构架较为精致完美。就管理者的个性特征而言，渐进模式也比较可行。渐进模式受到对现行目标成效的满意程度、问题性质改变的程度、现有可选方法中新方法的数量等条件的限制，如果现行目标的成效不能令人满意，则渐进模式就无法适用，现行目标仍有成效，是采用渐进模式的基础；如果问题的性质发生变化，那么渐进模式也无法适用，现有方法中，新方法数量多，则使用渐进模式的可能性就减少了。

2. 渐进模式的应用

渐进模式的应用须具备下列条件：

（1）现有目标的成效，大体上能满足高等教育管理主客体双方的需要，从而使边际变迁在目标效果上能充分显示其新收获。

（2）管理者所面对的问题，在本质上必须是一致的，换言之，不同管理者对问题的看法基本是一致的。

（3）管理者有效处理问题的方法，须具有高度的共同性。

以上条件，对渐进模式的效度（应用价值）具有决定性的影响。在高等教育改革和发展的形势下，新问题层出不穷，其管理上的渐进改变已难以适应实际需要，渐进模式的缺点也就开始凸现。

（三）管理目标确立的综合模式

综合模式是为了发扬理性模式和渐进模式之长，避二者之短而构造的一种控制模式。这种模式的主要要求是追求最优化。

广义上讲，凡是将两种或两种以上的模式混合使用，有机结合的模式都可以称为综合模式。但是，在当代高等教育目标的确立过程中，几乎所有的综合模式都包含理性成分。因此，广义上的模式都是理性与其他模式的结合。鉴于综合模式的多样性，在这里仅列举规范最佳模式和综合模式两种。

1. 规范最佳模式

规范最佳模式吸收了理性模式的主要优点，此外，还把艺术的方法和规范科学的手段结合起来，如利用专家直觉、经验判断设计新的方案，进行各种可行性研究。在具体分析中，该模式还借用各种定性方法弥补诸多因素难以量化的不足。

规范最佳模式主要有以下步骤：

（1）认清某些价值、目的和目标要求。

（2）探讨实现目的的目标方案，特别是创造新的方案。

（3）通过论证有限的备选方案的预期效果，并按优劣排序，获得事半功倍的发展方案或革新方案。

管理者依据渐进模式检查现行目标及其执行情况，然后再利用各种目标分析的方法，与新目标进行比较并预测新方案的可能后果及期望值。规范最佳模式还把调适目标确立的质量，调适目标确立系统本身，提高目标确立参与者的个人素质，建立必要的机制，进行必要的培训等认为是模式考虑的内容，将其包括到模式中来。

规范最佳模式首先基于对现行目标的检查和论证，从而吸收了渐进模式的优点，它又吸收了理性模式的操作性方法，这就保证了方案的相对最优化。规范性的含义在于有一套目标确立的程序，还表现在它有系统的思考，即把一般意义上的控制与目标确立系统的改进联系在一起，这样规范化模式就包含了渐进模式和理性模式中的合理成分，成为更富有实用价值的模式之一。

2. 综合模式

综合模式一方面应用理性模式，宏观审视一般的目标要素，分清主次，选取重点。另一方面，应用渐进模式探讨经过选择的重点，避免寻找所有可行的备选方案，也避免了对与目标无关的次要细节和次要方案的全面分析，不致耽于细枝末节，而忽视基本的目标要素。这就克服了理性模式和渐进模式的不足。

综合模式在选定方案的审视方面，注重使用理性模式创造新方案，克服渐进模式的保守倾向。同时对重点问题、规格要求及主要的备选方案，则注意用渐进模式方法考察，注意与已有的目标进行比较，以拟定优化切合实际的具体方案，克服理性方法的不现实性。

（1）与规范最佳模式一样，综合模式也提供了一个搜集、分析、利用有限资料的特定程序和资源分配的策略标准。

（2）与理性模式相比，综合模式缩减了考察范围，节约了大量的时间、精力和资源。

（3）与渐进模式相比，它借助理性模式客观的方法对各种主要备选方案进行精细的调适，从而提高了方案的可靠性，又给创新方案提供了机会。因此，综合模式更具体可行。

第六节　高等教育管理规律

研究高等教育管理，就必须认识和掌握高等教育管理的客观规律。由于高等教育管理是一门新学科，目前还没有科学准确地概括出它的基本规律，但有一些学者对此提出了富有启发性的见解，对高等教育管理规律做了初步探讨。

一、自然属性与社会属性相统一的规律

高等教育管理的自然属性，是指高等教育管理活动在本质上具有不因社会条件和时代背景而变化的稳定性；高等教育管理的社会属性，是指高等教育管理活动随社会形态的变化和历史发展过程中所形成的特殊个性而呈现不同特征的性质。

（一）高等教育管理的自然属性

高等教育管理的自然属性主要表现在三个方面。

1. 高等教育管理的普遍性

即高等教育管理是普遍存在的，不论哪个国家，哪个历史时期，只要存在高等教育活动，就存在对培养高级专门人才的活动进行管理的必要。

2. 高等教育管理的共同性

即高等教育管理在各个历史发展时期都具有明显的共同地方，这些共同点不因国家的政治、经济、文化等差异而有所变更，也不因历史时期的变化而消失。正因如此，中国传统高等教育管理中的优秀部分就被继承和发扬，欧洲中世纪大学的校、院制一直被现代大学采用，还有其学位制也一直沿袭至今。

20世纪颇具影响的教育管理思想，也曾风靡全球，美国泰勒的科学管理学说，威尔伯·约奇和丹尼尔·格里菲思为代表的民主人际关系学说和由此发展的行为科学学说，德国的社会学家马克斯·韦伯的科层组织学说，还有美国社会学家塔尔科特·帕森斯的开放系统学说。

以上这些都可以"古为今用，洋为中用"。这些共同点来源于高等教育管理活动在其历史发展过程中形成的特点和规律，来源于人们在高等教育活动过程中遵循的一般原理。

3. 技术性

高等教育管理使用的技术和方法一般不受社会制度不同的影响，各国都可以相互借鉴、学习，使用先进的管理技术和手段，如计算机用于高等教育管理等。

（二）高等教育管理的社会属性

高等教育管理的社会属性包含两层含义。

1. 高等教育管理具有历史继承性

即在人类创造历史的过程中，由于社会及自然环境不同，形成的各种地域文化在高等教育管理活动中留下了深深的烙印。这些"印记"在高等教育管理思想和管理信条上表现为不能超越一定的社会文化形态以及人们的社会心理状态，具有"同源文化"的国家和地区，在高等教育管理思想和管理哲学上具有很大的相似性，而"非同源文化"中所产生的高等教育管理思想和管理哲学就存在明显的差异。

2. 高等教育管理具有政治性

因为高等教育管理是与权力关系联系在一起的，高等教育的体制和有些制度、政策总是社会制度和政策的一部分，是为一定的政治服务的。高等教育管理必须也只能在一定的社会历史条件下和一定的社会关系中进行，生产关系的性质不同，生产劳动的组合要素、结合方式不同，管理的社会性质也不同。

高等教育体制、管理政策总是执行和巩固一定的生产关系，实现高等教育目的。比如，以人为本的管理思想正是这一特性的体现。

自然属性和社会属性是高等教育管理活动本身所具有的两种属性，两者处于矛盾统一体中。这两种属性统一于计划、组织、指挥、协调、控制等管理职能上，根本上统一于高等教育管理效益中。

二、封闭性与开放性相统一的规律

高等教育管理的封闭性，是指在高等教育管理过程中，根据高等教育管理的特殊矛盾而在高等教育系统内部自我运转和良性循环的性能；高等教育管理的开放性是指在高等教育管理过程中，根据高等教育管理的特殊矛盾而在高等教育系统与外界环境相互关系、互相作用中实现物质、能量、信息交换的性能。高等教育系统的"存在"与"发展"、"必然"和"偶然"的矛盾统一是高等教育管理封闭性与开放性矛盾统一规律的两种典型的表现形态。高等教育的发展理论、权变理论和开放系统学说，都是以遵循这一规律为前提的。

（一）高等教育管理的封闭性

在高等教育系统内部，无论进行什么高等教育管理工作，首要的前提就是在相对独立、完整的高等教育系统内部，按照高等教育系统的特定目标而进行优化组合，即在高等教育系统的"投入—加工—产出"的过程中构成一个相对封闭的系统。没有封闭性，高等教育系统就没有相对稳定的环境，任何对高等教育系统的分析及高等教育管理活动过程都不可能存在。这种封闭性是一种客观存在，是为了更好地进行高等教育管理的必然要求。

完全封闭的高等教育系统是不存在的，因为完全封闭就意味着与环境不进行任何物质、能量、信息的交换，这样的高等教育系统必然逐渐消亡，所以，高等教育系统和高等教育管理的封闭性又具有相对性。

（二）高等教育管理的开放性

高等教育系统，一方面受外界环境的制约和影响，另一方面又对环境施加影响，两者之间存在着物质、能量、信息的交换，这决定了高等教育管理的开放性。这是实现高等教育系统整体特性功能目标的需要，是实现高等教育管理高效益的需要，也是高等教育系统存在和发展的物质基础和基本条件。

（三）高等教育管理的封闭性和开放性既相对立，又相统一

1. 高等教育管理的封闭性和开放性是相对的

高等教育管理的封闭性的重点是强调高等教育管理系统目前的"存在"，将人力、物力、财力放在目前"存在"上，影响发展，失去了取得更大效益的机会。高等教育管理的开放性则强调高等教育管理系统的发展上，过分注意高等教育管理系统效益的最优化，忽视系统"存在"，将导致高等教育管理系统的"存在"基础动摇。

2. 高等教育管理的封闭性和开放性又是统一的

高等教育管理的封闭是相对的封闭，是包含开放的封闭，并在开放的封闭中实现自身的优化和发展。高等教育管理的开放是在一定存在基础上的开放，这种开放只有依存于相对独立的、完整的高等教育管理系统，才能和社会环境进行物质、能量和信息的交流，从而建立起新的更能适应社会发展需要的高等教育管理系统。

三、学术管理与行政管理相统一的规律

在高等教育管理中处处离不开行政管理，如制定高等教育的规划，对人、财、物等资源进行分配和调控，对计划的执行进行检查督促，协调高等教育系统中的各方面使其正常运转等。但在高等教育管理中，学术管理是很重要的方面，学术水平的高低、学术管理的成功与否，对高等教育管理的水平及其发展有重大影响。因此，在高等教育管理中必须坚持学术管理与行政管理的统一。学术管理与行政管理的不同点主要表现在以下三个方面。

（一）指导原则不同

学术管理中要坚持学术自由的原则，提倡百家争鸣，这是学术繁荣的基本条件。学术上的分歧要通过开展充分自由的讨论取得共识，不能由某个权威人物说了算，也不能采取少数服从多数，即所谓的学术民主方法。学术问题只能用学术标准评判，强调科学性，要用科学实验和论证、调查研究、同行专家评估的方法，而不能采用行政管理中行政决断的方法。在行政管理中由于存在抓住机遇的问题，所以强调少数服从多数的原则，适时做出决断。但行政管理的重大决策，也要考虑其科学性、合理性，同时更强调要从实际出发，要考虑其可行性，还要考虑它会产生什么影响和效果。

（二）采用方法不同

在学术管理中，要根据不同学科专业的特点采用不同的方法。由于学科、专业、任务的不同，所运用的方法也就不同。因此，学术管理不能采用统一的模式，应该是多样化的管理方式。管理文科和理科的方法不一样，管理专业课和基础课的方法也不相同。行政管理则强调统一，由于它强调从全局出发，发挥高等教育的整体功能，因此，往往用集中划一的方式，用政策法令、规章制度等统一和协调高等教育管理的各方面工作。

（三）管理程序不同

学术事务的管理是依靠教授专家实行民主管理。在西方大学中，学科发展方向的选择、学术规则的制定、学术梯队的配制，甚至包括教学研究人员的选聘等问题的决策管理，都由教授讨论会决定。在我国很多高等学校，学术事务管理上的决策，也都吸收教授参与讨论。行政管理是贯彻执行上级指示和领导工作意图，是一种"科层式"管理，强调下级服从上级，从上到下逐级指挥和布置，层层贯彻执行。

高等教育管理中学术管理与行政管理虽然有上述这些不同的特点，但只是相对的，学术管理与行政管理往往是交织在一起的，很难截然分开。特别是随着高等教育日趋大众化，高等学校规模的扩大和内部结构的日益复杂化，高等教育管理的难度也逐渐加大，这必将促进行政管理的强化。在高等教育管理中，要更加注意根据学术管理与行政管理的不同特点，采用不同的方法进行管理，并尽量协调好两者之间的关系，不能用行政管理代替学术管理。

四、过程管理和目标管理相统一的规律

探索管理活动的过程是管理科学的核心问题之一。管理过程是为实现管理目标执行一系列管理职能的动态过程和环节。管理活动按一定的程序，行使其基本职能，形成有序的管理过程和环节，才能顺利地实现管理目标。如果对管理过程缺乏综合分析，就难以揭示各部分管理工作的内在联系。

（一）过程管理

高等教育管理过程可以归纳为计划、执行、检查、总结四个环节。

1. "计划"是起始环节，统领整个管理过程

计划环节包括确定目标、制定若干方案、选择决策、拟定行动计划等。制

订计划最主要的内容是确定管理目标。

2."执行"是使计划付诸实施

执行环节是管理者在管理过程中实施组织、指挥、协调、控制等一系列管理职能，其内容包括建立机构、完善制度、组织人力和物力、指挥行动、协调关系、教育鼓励等。通过这些手段，协调人、财、物等各种要素的相互关系，使其效能充分显示出来，使计划得以实现，达到既定的目标。

3."检查"是对执行的监督和加强

检查环节和执行环节是结合在一起的，不是截然分阶段的。检查环节主要是实施管理的控制职能，其重要内容是建立反馈渠道和机构，及时提供反馈信息，以保证计划所规定的目标的实现。检查还能检验计划的正确程度，必要时采取追踪决策，调整计划，修改或补充执行措施。

4."总结"是终结环节

总结是对计划、执行、检查这三个环节的总检验，是用计划目标作为尺度对管理的全过程进行总评价，也是为制订新的计划提供依据，起着承前启后的作用。

由此可见，管理目标统帅、指导着管理全过程，管理过程的各个环节都是为实现管理目标服务的。高等教育管理者在管理过程中，一定要保持清醒的头脑，时刻不忘管理目标。

（二）目标管理

目标管理是运用目标指导管理过程的一种管理方法。其内容包括：由管理者和被管理者根据组织的任务共同确定管理目标，包括把总目标分解为部门目标和各成员的个人目标。动员各部门和全体成员自觉地为实现各自的目标而努力工作。用管理目标检查工作的进度和评估工作的成效，根据成果实施奖惩。

高等教育管理过程还有难以控制的特点，原因有以下几点。

1.学校教育工作的周期性长

管理效能具有滞后性，它的社会效益要在若干年以后才能显示出来。

2.教师工作决定了其工作方式大多是个体劳动

具有很大的独立性，不像工厂生产物质产品那样按工序进行严格的分工。

3.高等学校的"产品"（学生）很难定型化、标准化

培养学生的质量不易检验，而且学生还有很大的可塑性，学生的性格、思想、智能也各有差别，在管理过程中要注意因材施教，这也增加了控制的难度。

因此，高等教育管理要把过程管理和目标管理结合起来。

五、管理与服务相统一的规律

一般来讲，管理具有两方面的职能，一是协调和控制生产关系的职能，二是组织生产的职能。在管理实践中，这两方面的职能就是指管理与服务。两者虽有区别，但又密切联系，相互促进，是辩证统一的。只有服务工作做得好，才有利于加强管理，而科学有效的管理本身就是很好的服务。

在高等教育管理中，必须注意根据高等教育的特点，处理好管理和服务的关系。要正确处理好高等教育管理中管理和服务的关系，关键是正确对待教育工作者，特别是高等学校中的教师。高校教师既是主要的管理对象，又是主要的服务对象。在高校中必须充分理解和尊重教师，因为办好高校，搞好教育管理，主要依靠教师。要尊重他们的人格和个性，理解他们具有个体的劳动方式、喜欢独立思考、遇事求真的思维习惯等特点，对他们的业务成绩要合理评价、充分肯定。

在高等教育管理中，在处理管理和服务的关系时，还必须把对上级领导机关负责和对群众负责统一起来。要管理，必然要按上级指示和规章制度办事，这是应该的，也是容易做到的，但高等教育管理事业的发展，必须依靠广大师生，只向上级负责，看不到群众，必然不会从实际出发解决问题，必然会挫伤教师的积极性，从而不利于高等教育管理工作的开展。

第七节 高等教育管理原则

一、高等教育管理原则确立的依据

原则是人们对客观规律的认识和反映，是指导人们观察和处理问题的准则。由于规律具有不以人的意志为转移的客观性，因此，作为客观规律反映的原则也应该具有一定的客观性。任何管理活动，总是自觉或不自觉地遵循着某种原则，这就是管理原则。为了使管理活动有效，管理原则必须符合客观规律，并且不断地随着社会的变化而发展。

高等教育管理原则是从事高等教育管理时应遵循的活动准则和基本要求。它是从高等教育管理的实践活动中总结提炼出来的，反映了高等教育管理活动的特殊性规律和特点。确立高等教育管理原则，既要借鉴现代管理的一般理论，又要充分考虑高等教育管理的特殊背景；既要追求理论上的相对完备性，又要强调对实际工作的指导意义。尤其要分析各原则是否涵盖，以及在多大程度上涵盖整个高等教育管理领域，从而给高等教育管理原则以科学、客观、合乎逻辑的定位。因此从以下几个方面分析高等教育管理原则确立的依据。

（一）既要遵循一般管理活动的客观规律，又要遵循高等教育的客观规律

管理存在自身的规律，管理活动必须遵循这些规律。一般管理活动的规律就是管理各基本要素之间内在的本质的联系和管理过程的逻辑关系。现代行政管理学的理论和方法就是对行政管理活动一般规律的认识和反映。

行政管理思想经历了工业管理、人际关系、结构主义等发展阶段。教育管理在不同场合、不同程度上借鉴了行政管理思想。例如，人际关系理论注意到员工的积极参与、满意、合作以及士气与团体的凝聚力，有可能使生产效率得到提高。这种思想也影响到教育行政管理人员寻找方法提高教师和学生的积极性和主动性，以期最大限度地发挥他们的创造力。

虽然一般的管理理论与方法对高等教育管理原则的确立有一定的借鉴意义，但管理活动不能脱离事物本身的发展规律，高等教育管理必须遵循高等教育的客观规律，高等教育管理按照高等教育规律的要求，调节和协调高等教育活动中的各种关系，以保证高等教育目标和任务的实现。因此，认识和掌握高等教育的客观规律，是确立高等教育管理原则的客观依据。

高等教育的一般基本规律包括两个方面：一是高等教育与社会协调发展的规律，二是高等教育与受教育者身心全面发展相适应的规律。高等教育管理原则必须以这两个规律为前提，才能避免高等教育管理与高等教育工作者之间的对立和冲突，从而最终提高管理效益。与一般的管理活动相比，高等教育活动存在一些特殊规律，它们构成了这门学科专门的研究领域。

例如，社会效益与经济效益的关系、人才培养与科学研究的关系、学术管理与行政管理的关系等。高等教育管理原则的制定与人们对这些特殊规律的认同密切相关。如果把外国管理著作中的理论套用到我国高等教育管理实践中，

或者是生搬硬套经济领域的管理理论和原则，就会脱离高等教育的特点和规律，不可能提出正确的高等教育管理的基本原则。

（二）高等教育管理活动的特殊性

作为管理对象核心的人，高等学校与工厂不同。工厂管理者面对的是工人，工人生产的是没有意识的物品；高等教育管理者面对的是教师和学生。教师既是管理对象又是管理者，他们面对的是有意识的学生。学生既是被教师塑造的"产品"，又参与自身塑造，从这个意义上说，学生也是管理者。因此，高等教育管理中要充分调动教师和学生的积极性和主动性，并为他们创造有利于独立思考、自由发挥的条件和环境。

同时，由于教师和学生都是脑力劳动者，高等教育管理过程以知识为中介，有大量的学术问题，因此，要注意行政管理与学术管理的统一。这也是高等教育管理的特殊性。

（三）高等教育管理原则的系统性

教育管理原则不应是随机的、零散的，而应构成一个系统，具有整体性、目的性和关联性。

高等教育管理原则体系的整体性在于，各原则围绕怎样提高高等教育管理效率这一目标结合为一体，没有一条原则能脱离原则体系整体而存在。只有存在于原则体系中，每一条原则才有它的功能。而且，原则体系的功能是以整体功能而论，而不以某一条原则的功能而论，原则体系的整体功能不等同于各条原则功能的简单相加。各条原则只有在原则体系整体功能目标即提高高等教育管理效率的指导下，以合理的方式相互联系在一起并充分发挥各自功能，才能保证原则体系整体功能的实现。

高等教育管理原则是从事高等教育管理时应遵循的行为准则和基本要求。高等教育管理原则体系的目的性在于，利用原则指导具体的高等教育管理实践活动，使管理活动更符合客观规律，从而提高高等教育管理效率。

高等教育管理原则体系的关联性是指涉及高等教育管理过程的各条原则应该相互依存、相互补充、相互制约。

二、高等教育管理的基本原则

高等教育管理的基本原则应该是根据一般管理学的原理提出的，同时又特别适用于高等教育管理领域。它们必须全面、准确地反映高等教育管理活动的特点、本质与规律;它们在理论上是完备的,在实际工作中又是切实可行的,能覆盖整个高等教育管理活动领域,普遍有效地指导高等教育管理实践活动。根据上面对高等教育管理原则确立的依据分析,高等教育管理基本原则体系应该包括以下五个方面。

(一)高等教育管理的方向性原则

管理是一种有目的的活动,管理工作必然有方向。管理成效的大小,首先取决于方向是否正确。任何管理都是为了实现一定的管理目标。管理目标是管理活动的前提,管理目标体现管理的方向。教育是培养人的社会活动,就其本质来说,教育必须与一定的社会政治、经济相适应,并为其服务。不论什么社会性质的高等教育,培养什么样的人都是一个根本问题,是高等教育目标的核心,它集中体现了高等教育管理的方向。

1. 要坚持社会主义的政治方向

社会主义的高等教育管理,必须坚持社会主义的政治方向。教育是具有阶级性的,任何一种社会制度都要以它的意识形态教育和影响学生。

我国作为社会主义国家,要求高等教育必须以社会主义意识形态教育和影响学生,为社会主义建设培养具有坚定政治方向的建设者和接班人。要明确我国的高等教育是社会主义性质的,要为社会主义服务,坚持社会主义的政治方向。

2. 要坚持为社会主义经济建设服务

"教育必须为社会主义建设服务",这里所说的"服务"是全面的,既包括为社会主义政治服务,也包括为社会主义经济、文化建设服务。在社会主义现代化建设中,人们始终要以经济建设为中心,不能干扰这个中心。高等教育为社会主义现代化建设服务,根本任务是培养人才,主要是通过培养社会主义经济建设需要的人才来实现的,这称之为高等教育的服务方向。

高等教育要坚持社会主义政治方向,同时要服务于经济建设这个中心,主动适应经济和社会发展的需要,从两个角度规定了高等教育的办学方向,各有侧重,相辅相成,两者并不矛盾。

政治方向是从高等教育的社会性质来讲的,服务方向是从高等教育的工作任务和目标来讲的。政治方向规定了服务的社会主义性质,服务方向体现了坚持社会主义政治方向的实际内容。因此,不能说高等教育的方向性只指政治方向,而没有别的内容,这是不全面的。

（二）高等教育管理的高效性原则

任何管理活动，其基本目的都是为了提高组织系统的效率和效益。管理效率和效益的关系，是与管理目标联系在一起的。目标正确，效率越高，效益越好；管理效益的大小就是在消耗一定的人力、物力、财力和时间等资源的条件下，实现管理目标的。

高等教育管理的高效性原则是高等教育管理本质的直接体现和具体化。它要求以一定的高等教育资源投入，培养和提供更多的合格高级专门人才和高水平的研究成果。或者说，培养和提供一定数量的合格人才和研究成果，投入的高等教育资源要求最少。

高等教育所产生的效益是多方面的，它既能促进生产力的发展，又是巩固政治统治和建设精神文明不可或缺的手段，是社会得以延续和发展的重要条件。这些主要体现在提高劳动者素质和培养人才的数量和质量方面，同时，高等教育在发展科学技术文化方面的作用也是十分重要的。

高等教育是需要大量投入的事业，而发展高等教育的资源又是有限的，它靠社会提供，既受社会经济发展水平的制约，也受社会政治制度、管理体制和人们教育观念的制约。因此，高等教育管理既要注重经济效益，即以较少的投入培养更多的人才，注意节省人力、物力和财力，更要注重精神效益、社会效益，即坚持办学的政治方向，全面提高高等教育的质量。

（三）高等教育管理的整体性原则

高等教育管理整体性原则既决定于高等教育系统的整体性，又受制于培养高级专门人才的高等教育目的。高等教育管理的整体性原则可表述为，以培养人才为中心，科学地组织各方面工作的有效配合，并充分地考虑社会环境中诸因素的影响。

高等教育的根本任务是培养人才。培养人才不仅要组织好教学工作，还必须有思想教育工作、师资培养工作、科学研究工作、后勤管理工作等与之配合。除了培养人才的职能以外，高等学校还有开展科学研究的职能和直接为社会服务的职能，高等教育管理的目标和内容，不是单一的教育、教学活动的管理，而是包括教育、科学研究和直接为社会服务等活动的综合管理。不论是培养人才、开展科学研究和为社会服务，都与社会系统紧密相关，都必须与社会经济、政治、科学文化相适应，因此，必须把高等教育管理放在整个社会环境中考虑。

1. 高等教育管理要以培养人才为中心

各方面活动的开展都要服从于培养人才这个首要任务。

（1）就政府对高等教育的宏观管理来说，首先要做好培养人才的决策和宏观控制，包括人才培养的预测规划、总体规模、发展速度、结构布局等，以及通过组织、计划、协调、立法、拨款、检查评估等手段，保证培养人才的数量和质量。

（2）就高等学校的管理来说，各部门的工作都要面向学生，教学和思想教育工作要遵循人才成长规律，科研、生产工作要与教学工作结合，后勤工作要为教学和科研服务。

2. 要处理好教学和科研的关系，使两者相互结合相互促进

教学是高等学校培养人才的主要方式和基本途径。但是，不能把教学工作仅理解为课堂讲授。

（1）教学活动既包括通过课堂讲授使学生学到间接知识，也包括指导学生获得直接知识和掌握学习方法。因此，教学是传授知识、发展智力、培养能力和形成良好思想品德的综合过程。

（2）科学研究是培养人才的重要途径，把科学研究引入教学过程是高等学校教学过程的一个重要特点，它能给学生创造全面发展智能的环境和条件。

（3）学生通过参加科学研究能够有目的地、主动地学习，完成研究任务所需要的理论知识；进行积极思维，在实践中发展各方面的能力，培养创新精神；还能培养学生养成严谨的治学态度、踏实的工作作风和团结合作的精神；能更好地促进师生之间教与学两方面的信息交流，使教师对学生了解得更深入更具体，有利于实行因材施教，更好地发挥学生的特长和主动性。

（4）开展科学研究还能够提高教师的学术水平，充实和更新教学内容，改进教学方法，使教学质量不断提高。因此，不应该把科学研究和教学对立起来，而应该使两者互相结合，互相促进。高等学校教学传授给学生的知识，是前人实践经验的系统总结。科学研究正是在已有知识的基础上探索和总结新的知识，进一步加深对客观世界规律性的认识。因此，从人们的认识活动来讲，只有开展科学研究，把生产实践和科学实验的成果总结成各种理论体系，使人们不断地获得新的知识和能力，才有可能进行各门学科和专业的教学。

从这个意义来讲，科学研究是"源"，教学是"流"，科学研究总是走在教学的前面。在教学中给学生讲授的理论知识，并不需要也不应该要求教师都通

过自己的研究实践进行总结和积累。但是，现代科学技术的发展日新月异，高等学校的教师如果不通过开展科学研究，及时了解和掌握本门学科和相关学科的最新动态和发展趋向，而仅停留于传授现成的书本知识，那就不可能提高教育教学质量，培养出适应现代科学技术迅速发展和现代化建设需要的合格人才。

3.发展科学技术文化，是高等学校的重要任务

随着现代科学技术日新月异的发展，高科技向现代生产力转化越来越快，高新技术产业在整个经济中的比重不断提高，科技在经济发展中的作用越来越大。21世纪是高新技术迅速发展的时代，在这种形势下，高等学校特别是重点大学的科学研究工作更应大大加强。

4.直接为社会服务也是现代高等学校的一项重要社会职能

高等学校的培养人才、开展科学研究、为社会服务这三项职能是互相联系、相辅相成的。开展各种形式的社会服务，有利于加强学习与社会的联系，增进对社会需求的了解，增强主动适应经济发展和社会发展需要的能力；有利于高等学校的教学更好地理论联系实际，培养锻炼学生解决实际问题的能力，提高教学质量；有利于进一步发挥学校的潜力，充分调动教师职工的积极性和主动性，通过有偿服务，为学校筹集一部分资金，以弥补办学经费之不足，用以改善办学条件和师生员工的生活条件。

但是，高等学校必须以培养人才为中心。衡量学校工作的根本标准是培养人才的质量和数量，绝不能不顾教学质量和学术水平。

因此，一定要处理好培养人才与直接为社会服务的关系。必须统筹兼顾，加强管理，对收益进行合理分配，有利于调动各方面的积极性。

（四）高等教育管理的先主性原则

高等教育与社会发展相适应的规律决定了高等教育是开放的系统。高等教育发展的历史已经证明，追求科学与民主是高等教育的重大使命。追求科学，可保证高等学校教学、科研的生命活力；发扬民主则是追求科学的保障。

1.民主性原则是由高等教育管理封闭性和开放性相统一的规律所决定的

要办好既封闭又开放的高等学校，不发扬民主，不调动师生员工的积极性和创造性是不能想象的。因此，高等教育和高等学校进行重大决策时，应发扬民主。

（1）高等教育管理的民主性原则可以表述为：依靠广大教职工和学生民主管理学校，动员社会力量参与高等教育管理。高等教育领域人才荟萃，学术思想活跃，高等教育管理工作必须注意充分体现学术自由的特点。高等学校的

教学与科研，就其本质而言是学术活动，需要充分的思想自由，需要民主制度做保障。因此，对高等教育实行民主管理具有特殊的重要性。

（2）就管理对象的特点来说，在高等学校，教师和学生既是管理对象，又是管理主体。教师和学生的特点，都是从事学术性很强的教学、研究和学习，是精神生产，主要靠自己独立钻研和思考、探索。只有靠内在动力，也就是靠调动他们的积极性和主动性，才能完成管理目标。学校的培养目标、教学计划、教学大纲等，要靠教师去实施；教学内容和教学方法的改革，要靠教师自觉地去探索和实行。同时，也要激发学生的主动性并积极地配合，自主地进行学习。

充分调动教师和学生的积极性，让教师和学生参与管理，这对于增强内聚力，增强对领导管理者的理解和信赖，对于及时改进管理措施，提高有效性，都有极大的好处。因此，高等学校要搞好管理，必须依靠教师发挥能动作用，同时，一切与学生的学习和生活有关的决策，还要注意听取学生的意见。

2. 管理好一所大学，需要很多学问

就高等学校工作的复杂性来说，在高等学校一般都设有许多专业和课程，有教学、科学研究、生产、思想教育、后勤以及校内校外关系等各方面的工作，有众多的人员，具有极大的复杂性。

从这个意义上来说，必须依靠调动广大教师职工的积极性，集思广益，共同管理，才有可能把学校办好。有关教学、科学研究、学科建设的重大决策，一定要注意听取和尊重教师特别是教授们的意见。教授在他们所从事的专业、学科领域里是专家，注意听取他们的意见，有助于保证有关决策的正确性；由于教授们在学术上的权威性，在师生中有较大影响，他们参与决策，更能够得到师生员工的信赖，有利于决策的实施；教授们的言行对学生有潜移默化的影响，让教授积极参与学校的民主管理，有利于培养学生的社会责任感。

就政府对高等教育的管理来说，由于高等教育有学术性强、专业学科门类多的特点，要充分尊重专家学者的意见。因此，要给高等学校一定的学术自由和必要的办学自主权，避免过多的行政干预。高等学校还有多样化的特点，这是因为社会对高等教育的需求是多样化的，不同地区、不同条件和历史背景的学校是多样的，这要求政府要适当给高等学校办学自主权，以利于学校办出自己的特色，适应社会的不同需求。政府的作用是进行宏观控制和协调，为学校创造良好的环境和条件，通过财政的、政策的导向和法规的约束，引导学校主动地得到发展。

3.民主性原则要求制定决策民主化、执行决策民主化和评定决策执行结果民主化

在高等教育管理中，决策工作要充分发扬民主精神，这种民主精神体现在，让被管理者民主地参与决策过程，这样可以集思广益，提高决策的科学性，使之更切合实际。在西方，民主管理学校是通过董事会、教授会、评议会或师生代表会等形式，参与制定学校一系列规章制度，参与决策。

管理者要随时了解和掌握决策的执行情况，在此基础上调整和改进决策的执行方案和方法。在这一过程中，不论是了解执行情况还是调整、改进执行的方案和方法，都离不开民主的作风。管理者应该秉公办事，在处理公务时要尊重下属，虚心向他们求教，及时地对方案和方法的执行情况进行调整和改进。

决策执行结果的评定，不仅关系到对本决策的制定者和执行者工作的评价，而且关系到下一个决策的制定和执行。评定工作要贯彻民主原则，有利于激发和强化决策者和执行者的工作热情，有利于发挥和发展他们的创造性，最终有利于高等教育管理效益的提高。

（五）高等教育管理的动态性原则

任何事物都是处于不断变革之中的。管理过程是一个不断发展变化的动态过程。管理对象内部诸要素是不断发展变化的，它们之间的关系也在不断发展变化着，管理系统的外部环境也是变化、发展的。因此，管理过程的实质，就是根据管理对象和条件的变化、发展，对其相互关系做出相应的调整，以实现整体目标。

高等教育作为一种社会技术系统，与外部环境处于动态的相互作用之中。开放系统的一个特点是能够变化其内部子系统，以便对各种环境中的偶然事件做出反应。管理活动与管理对象、管理环境之间有着本质的、必然的联系。高等教育管理过程中要完成的任务、组织的结构、用来完成任务的技术和参与的人员都处于动态之中。

第一，高等教育活动必须按照管理的基本原理和原则进行，保持管理的相对稳定和应有的秩序。

第二，高等教育管理的对象、内容、方式、手段都在变化之中，要求运用高等教育管理原则时有灵活性。

高等教育管理的动态性非常明显。随着现代科学技术的发展，社会对高等教育的需求在不断变化，社会给高等教育提出的条件也在不断地变化。高等教育要为社会服务，必须主动提高适应经济和社会发展需要的能力。这就要求高等教育

必须不断改革、创新。高等教育体制改革的目标，就是逐步建立使学校具有主动适应国民经济和社会发展需要的有效机制。就高等学校本身来说，学生每年有进有出，教师队伍也需要适时补充和调整，教学和科研的设备也在不断地更新。经济体制改革、政治体制改革和科技体制改革的深化，对高等学校不断提出新要求。

因此，高等教育管理的动态性原则可表述为，通过不断的改革以主动适应经济和社会发展的需要。动态性原则要求人们做到以下几点。

1. 以发展的战略眼光看问题

任何事物都不是静止不变的。只有改革才能促进教育发展，教育要发展则必须不断地改革。

2. 处理好变革与稳定的关系

在变革不适应部分的同时，要继承高等教育合理的内核。既不能墨守成规、抱残守缺，坚持既成的体制和维持现状，也不能全盘否定已往的经验。

3. 要注意不能朝令夕改

在高等教育改革方面要持慎重的态度。高等教育管理的动态性，从根本上讲，是由高等教育必须与社会的政治、经济、科技、文化的要求相适应这一基本规律决定的。由于社会是不断发展的，高等教育也必须随着社会的政治、经济、科技的发展不断地改革，以适应社会发展的需要。高等教育管理对象和外部条件的这些变化，管理工作中不断出现的新情况，需要不断地总结新经验，解决新问题。

以上五条原则是高等教育管理的基本原则，是普遍适用的。方向性原则反映了我国高等教育管理的性质，从根本上确立了社会主义高等教育发展的大方向，规范了高等教育的培养目标；高效性原则指出了管理工作的本质特点和根本要求；整体性原则反映了管理工作的基本要求；民主性原则贯穿高等教育管理活动始终，为高等教育管理活动顺利进行提供了良好的氛围，保证管理工作有重要的动力；动态性原则指出完善管理工作的根本途径。它们相互制约、相互促进，共同指导高等教育管理的全部活动，构成了一个完整的原则体系。在实际工作中，贯彻这些原则是紧密联系、相辅相成的。

第二章 高等教育管理的分类

第一节 高等院校文化管理

一、文化和文化管理的内涵

"文化"的基本内涵,即观念形态、精神产品、生活方式这三层含义。具体来说,它包括人们的世界观、思维方式、心理特征、价值观念、道德标准、认知能力,以及从形式上看是物质的东西,但透过物质形式能反映人们观念上的差异和变化的一切精神的物化产品。

文化管理就是"人化管理",就是以人为根本出发点,并以实现人的价值为最终目的的尊重人性的管理。这种管理是靠管理主体与管理对象之间所形成的文化力的互动来实现的。文化管理的核心是"以人为本"。

学校文化管理与企业文化管理有着密切的关系,它借鉴了企业文化管理的思想,但是学校文化管理更是它自身内在文化因素发展的必然要求。因为学校本身就是一种文化存在,是一个文化实体,它是以传承和创造文化为己任的,是以文化为中介培养人、塑造人的机构。

学校与文化的关系是其他任何社会要素、社会组织所不可比拟的,在学校管理中,更应当重视文化的因素。文化管理是学校管理顺理成章、水到渠成的结果。

学校文化管理是以文化为基础,注重学校文化建设,并利用文化要素和文化资源实施调控的学校管理活动,它具有价值性、伦理性、知识性、人本化、合作性、品牌形象性、整合性等特征。

学校文化是学校的灵魂。学校文化不仅是老师的灵魂,更是学生的灵魂。学校文化建设的核心在于师生的认同,认同的关键是参与。

二、大学文化管理的特点和意义

（一）文化管理和大学文化管理的特点

1. 文化管理的特点

（1）管理的中心是人

从科学管理以物为中心转变为文化管理以人为中心，人既是管理的出发点，又是管理的落脚点。尊重人、关心人、培养人、激励人、开发人的潜力，是文化管理的关键。

（2）管理的人性假设前提是"善"

科学管理把人看作"经济人"，以"性恶论"为哲学依据；文化管理把人看作"自我实现的人"和"观念人"，以"性善论"为哲学基础。

（3）控制方法追求主动

科学管理以外部控制为主，重奖重罚是主要手段；文化管理中心内置，依靠人文关怀等激励手段调动、激活行为主体的内在需求和动力，追求主动发展。

（4）管理重点为文治

科学管理直接管理人的行为，职工的一言一行都有制度约束，是典型的法治；文化管理严于管理人的思想（信念和价值观），间接影响人的行为，是一种新的管理方式——文治，即以文化来治理。

（5）领导者类型为育才型

在科学管理中，领导者恰如乐队指挥，属于指挥型领导；在文化管理中，领导者既是导师又是朋友，属于育才型领导。

（6）激励方式以内化为主

科学管理以外塑为主，依赖于工作的外部条件；文化管理以内在激励为主，着重满足职工的自尊和自我价值实现的需要，依赖于工作本身的魅力。

（7）管理特色具有人情味

科学管理的特色是纯理性管理，排斥感情因素；文化管理的特色是将理性与非理性相结合，是有人情味的管理。

（8）组织形式具有开放性

在科学管理中，权力结构明确，是"金字塔形"组织；在文化管理中，权力结构模糊，管理者与被管理者更为平等，是平等沟通、自我学习的学习型组织。

（9）管理手段具备"软"特征

科学管理是依靠强制性的制度和物质手段的投入；文化管理是依靠思想交流，价值观的认同，感情的互动和风气的熏陶，即依靠非强制性和非物质性手段的投入。管理由硬管理为主走向软硬结合，以软管理为主。

（10）管理者和被管理者的关系改变为同伴互助

科学管理强调上级与下级之间的关系，管理者靠制度约束人；文化管理中管理者和被管理者是为了共同的目标而携手并进，是合作伙伴关系。

2. 大学文化管理的特点

（1）教化性

大学以人才培养为天职，大学文化必须始终围绕育人这一中心任务展开。大学"以文化人"，即通过文化潜移默化地感染人、熏陶人、教化人，从而实现情感陶冶、思想感化、价值认同、行为养成的目标。教育的目的是促进人的全面发展，大学文化育人的过程实际上就是塑造健全人格、开发智力潜能、丰富生命内涵，使受教育者得到自由、全面、完整发展的过程。

（2）导向性

文化并非一个中性的概念，其本身具有鲜明的价值取向。当今社会呈现出多元思想文化相互交织、相互激荡的格局，需要一个占主导、支配地位的价值观来引领大学文化建设。在大学文化建设中，必须坚持不懈地用中国特色社会主义理论体系教育师生，推动中国特色社会主义理论体系进教材、进课堂、进头脑；加强理想信念教育，弘扬以爱国主义为核心的民族精神和以改革创新为核心的时代精神；深入开展社会主义荣辱观教育，全面加强学校思想道德体系建设。

（3）独特性

有个性才有魅力，特色鲜明的大学文化才是有生命力的文化。虽然大学精神具有探索真理、崇尚学术、传承文化等共性追求，但由于各个高校文化传统、类型风格各异，社会对大学的需求多样化，因此必须建设和发展各具个性的大学文化，营造不同类型、不同层次、不同风格的大学文化形态，形成异彩纷呈、和谐互补的整体大学文化格局。

（二）高等院校文化管理的意义

纵观学校发展的历史，正经历着从经验管理、制度管理（科学管理）向文化管理转型的历程。学校文化管理是一种新型的更高级的管理形态，是学校经验管理、制度管理（科学管理）的总结和升华，是与知识经济时代相适应的学校新的管理方式。作为学校管理者，构建文化校园，积极推进学校文化管理，具有极其重要而深远的意义。

随着社会主义市场经济体制的建立和完善，学校建设中也逐渐引入了市场力量，学校之间的竞争在逐渐地加剧。学校要在竞争中处于优势地位，必须具备某种核心能力，充分发挥文化传承创新功能、文化辐射引领功能和文化服务支撑功能，对学校的发展具有深远的影响。文化对学校和人的发展产生的影响可以从深、广、远和优四种状况来理解。

1. 深

学校文化管理是一种内隐的、深层次的、无形的力量，这种力量决定了学校的改革、发展和成败。文化是根、是魂、是格、是力。学校文化具有导向功能、提升功能、凝聚功能、激励功能和稳定功能，为学校的发展带来动力。

2. 广

文化无处不存在、无人不显示、无事不体现，弥漫在整个学校的全部生活之中，甚至影响到社区文化和城市文化。

3. 远

与生俱在、与校共存、与人同享，学生时代有幸经历学校文化的熏陶会一辈子回味无穷、受用不尽。

4. 优

随着经济的快速发展，竞争空前激烈。先进学校文化建设是学校优质发展的根本。因此，只有学校文化，只有学校的不同追求、不同理想、不同价值取向，以及由此形成的不同管理风格、工作方式和生活方式，才是一所学校区别于其他学校的根本所在。

高等院校文化的内部功能主要表现为教化育人，大学文化的外部功能则包括文化的传承与创新、传播与辐射、示范与引领、服务与支持诸多方面。深化文化体制改革，完善文化管理体制，建设社会主义文化强国的目标，这也对大学发挥文化功能提出了更高的要求。大学在服务文化发展、促进文化繁荣方面重任在肩，大有可为。

三、高校文化素质教育的管理现状

目前，我国高校文化素质教育管理机构有以下几种建制：第一，管理机构附设在教务处，人员和业务归于教务处；第二，全部归于学工部门，人员和业务直接设置在学工部下面；第三，成立专门的常设机构，直接隶属于学校领导；第四，成立学院负责文化素质教育工作。

教育部也曾在高等学校文化素质教育指导委员会建立了一套针对设置大学生文化素质教育基地的高校基地评价指标，但是其评估对象是学生文化素质教育基地，而不是对教育的成效进行评价。

总体来看，目前高校文化素质教育管理存在的问题主要有：①管理机构条块交叉；②课程设置与实施方式随意性大；③课程内容存在知识化倾向；④评价体系不完善。

四、学校文化管理的构建

学校文化与制度管理是有机统一、互为补充的。做管理工作最终的落脚点是人的思想问题。严格管理的规范的制度能否落实到位，取决于人的思想高度和认识程度。学校文化必将为制度管理提供一个人文环境。

可以说，文化与制度的关系一如道德与法律，学校文化是学校制度的有益补充，两者相互统一。总之，学校文化的出现和完善不仅是学校发展的必然，也将是传统教育方式向素质教育方式转变的必由之路。这种文化又是人的文化，是以人为本的文化，突出"人文""人本""人情""人性""人权"在管理中的作用，从而形成一个强大的"磁场"。校园文化建设在学校管理中的作用按其不同层次来划分，主要表现在以下几个方面。

（一）用物质文化陶冶人

校园物质文化是校园的外显文化，是以某种文字符号为载体，将校园精神显现于校园的各种标记物之中，如校服、校歌、校刊、校报、雕塑、学校建筑、艺术节、文化墙、名言警句等。它是校园思想文化建设的前提和条件，是思想文化、制度文化赖以生存发展的基础和载体，有利于陶冶师生的情操。

（二）用制度文化规范人

校园制度文化是指校园人在交往过程中缔结的社会关系以及用于调控这些关系的规范体系，是校园一切活动的准则，它包括相关的法律法规、学校管理体制及其规章制度、组织机构及其运行机制、特定的行为规范等。校园制度文化从根本上决定着校园的正常运行和创新发展，是校园思想文化的保证。建立和健全学校规章制度，塑造良好的校园制度文化，是校园文化建设的重要内容，也是提高学校有效执行力的重要保障。制度文化以其导向性与规范性、稳定性与发展性、科学性与教育性的特征彰显校园文化。

（三）用思想文化凝聚人

校园思想文化是指学校在长期办学过程中形成的一种学校意识和文化观念，它是一种深层次的校园文化，是校园文化的灵魂，主要体现在班风、校风的建设上。班风、校风看不见、摸不着，但它渗透表现在校园内多种文化载体及其行为主体身上，让人时时处处切实感受到它独特的感染力、凝聚力、震撼力。置身其中，受教育者无须教育者更多的说教，便会自然而然地、不知不觉地感悟它对心灵的净化和情感的熏陶。校园思想文化是校园的内隐文化，是校园文化的深层内涵，是在长期的校园物质文化、校园制度文化和校园行为文化的建设过程中积淀、整合、提炼出来的，反映学校广大师生、员工共同的理想目标、文化传统、学术风范和行为准则的价值观念体系，难以用文字、符号表达出来。校园思想文化是一所学校整体面貌、水平、特色、凝聚力、感召力和生命力的体现。

校园思想文化作为一种强大的教育力量，对广大师生的健康成长有着巨大的影响：①导向功能；②凝聚功能；③激励功能；④控制功能；⑤辐射功能。

学校文化与制度管理具体包括校长文化管理、教师文化管理、学生文化管理、物质文化管理和精神文化管理五个方面。此外，还有教室文化管理、教研组文化管理、宿舍文化管理和食堂文化管理等。

第二节　高等院校课程管理

一、高校课程管理的意义

高校课程建设是学校教学基本建设的重要组成部分，是提高教育教学水平和人才培养质量的关键，它对高校的教育质量有着重要影响。近年来，相关管理部门非常重视教学内容、课程体系和教学方法的改革及教学管理，对高校课程建设提出要求，以提高高等学校的教学质量。

从理论上说，第一，课程管理不仅是一个研究领域的开拓，而且是课程理论研究的逻辑发展，是课程理论的自我完善。课程理论要走向成熟，就要解决课程理论中的课程开发、设计、评价等基本理论问题。随着课程理论改革的深入，课程管理问题就必然要提到议事日程上来，课程管理与整个课程领域的问题及其他问题都相关，重视课程管理的作用和研究也是课程理论自身发展的要求。第二，高校课程管理研究是高等教育管理研究的必要补充和突破。高等教育管理的研究与高校课程管理的研究在总的指向上是一致的，都是为了更好、更有效地培养所需的人才，更好地满足高校与社会的要求。而高校课程管理涉及的问题要具体得多，如课程标准的制定、课程实施过程的监控及管理机构的设立权限、职能的规定，它们都是具体的工作。高等教育管理学涉及的是整个高教管理领域的问题，它能提供的是止于各种问题的原理的内容。以及对高教管理的分析框架。它的一般理论特性，使其不能对像课程这样的特定领域做出直接的运用，而且由于高等教育管理学的研究范围的限定，使其不能对课程管理的问题做出详细的讨论。所以，正像教育理论不能替代对高校课程管理的研究一样，开辟高校课程管理的研究领域就非常切合实际需要。

从实际层面看，第一，高校课程管理研究促进了高校管理观念的转变与确立。高校的管理运行机制长期习惯于自上而下的行政控制与管理，学校的设置与发展规模，学生的培养要求等都由国家计划限定，这种无竞争又无淘汰的运行状态极大地限制。高校自我发展的能力。第二，课程管理研究可以促进课程行政的顺利转轨。课程管理研究内容的变化会使课程管理体制做出相应的变革。课程行政转型之后，又可以使学校课程管理更加灵活有效，提高课程管理水平。第三，课程管理可以使高校课程改革健康、顺利发展。课程改革是整个教育改革的突破口，课程改革是教育改革成败的关键。课程改革是一个系统的过程，其组织、实施、评价和推广等需要课程管理的介入。假如这些工作不能实现，那么课程改革就不能取得良好成效。我国的课程管理水平已经落后于课程改革的需要，课程改革的深化正期待着课程管理水平的提高。

二、高校课程管理研究的现状

（一）课程管理的研究课题

课程管理研究处于起步阶段，明确课程管理领域要探讨的问题显得十分必要。钟启泉认为，课程管理的工作内容有关于课程标准的工作、关于课程编制的工作、关于课程实施的工作、关于整顿课程实施条件的工作和关于课程评价的工作。

（二）课程管理体制研究

关于课程管理体制的类型，国内研究较多的是课程管理体制方面。课程管理模式可以分为统一计划型、分散管理型、板块型和蛋糕型四种，经过比较分析，认为实行统一与分散结合的模式（体制）是我国课程管理体制改革的方向。我国的课程管理体制改革不能采取激进方式。在改革过程中，第一，要将课程管理权做合理分解；第二，应采用并行和渐进策略，促使课程管理体制顺利过渡；第三，要吸取板块型和蛋糕型的各自优势，提高课程管理体制的科学化。

（三）课程管理过程研究

课程运行的管理包括组织力量。在对课程环境调查研究的基础上进行规划决策：确定课程目标、设计课程结构、选择教学内容等。在课程实施阶段，要通过组织、协调、控制等一系列手段，使课程资源得到充分有效的利用，以便取得最优的课程效果；通过对课程实施结果的评价，找出结果与目标之间的差距，对决策过程和实施过程进行修改、校正，使课程系统最大限度地接近课程目标。

（四）高校课程管理研究状态

高等学校课程管理是以高质量的人才产出为宗旨的，然而高校课程的运行往往偏离这一目标。

高校课程管理体制是高校课程管理机构和课程管理规范的统一体，它是整个教育管理体制的一部分，包括课程的行政体制和高校内部管理体制。课程管理体制主要涉及的是课程行政和校内课程管理机构的设置、职责权限的划分及其制度。高校课程管理体制本身是静态的，它对具体课程管理活动的影响，通过课程管理机制来实现。课程管理机制指课程管理的各级机构、人员与课程的关系和运转方式。课程管理体制各部分的存在必然要求解决如何协调各个部分之间的关系和如何管理课程的问题，即机制问题。协调各部分之间的关系是一种具体的运作方式，体现在课程管理活动之中。

第三节　高等院校课程考试管理

一、高校课程考试管理概述

课程考试是高等教育教学过程中的一个重要环节，是评价教学得失和教学工作信息反馈的一种手段，也是稳定教学秩序、保证教学质量的重要途径之一。因此，如何搞好高校课程考试管理，使之科学化、规范化、合理化，是高校教学管理工作的一项重要内容。

高校课程考试是指高校内部根据课程教学目标的要求和高校教育目标的具体规定，自行主持实施的尝试活动，包括平时测评和学期考试。其基本任务是检测学生的学习成绩，督促学生学习，发现教学中存在的问题。其目的在于掌握高校的教学情况，改进教学和督促高校教育目标的实现。其功能可归结为下述五种：①检查测评功能；②导向功能；③激励功能；④鉴定功能；⑤系统整合功能。

考试管理是以考试活动为对象，以提高考试活动效率、实现考试活动预期目标为目的的专门性的管理活动。高校课程考试管理则是以高校课程考试为对象，以提高考试活动效率，检测教师课堂教学质量，发现教学中存在的问题，充分评估学生的学习效果和学习创造能力为目的的管理活动。严密科学的考试管理具有以下功能。

（一）维护考试的权威

现代社会中的各种考试都有其特定的目的，正因为如此，无论什么考试，其程序、内容、方法一旦确定，不管是考试的组织者还是考试的参加者，都必须受到考纪考规的约束，而通过考试所获得的结果，都有法定的或公认的功用和社会价值，这就是考试的权威。任何一种权威的建立和维护都离不开一定的条件。那么，建立和维护考试权威的条件是什么？那就是考试的各种规章制度，它是对考试活动全过程的管理。考试管理是保证考试预期目标得以实现的活动，即对一切有可能影响、阻碍考试预期目标实现的行为予以劝告、制止直至强行控制的活动。科学而有效的考试管理可以保证考试活动在公平、公正的环境中进行。加上考试结果同样公平、公正就会获得学生对课程考试的认可，并积极地参与考试且自觉地维护考试的规章制度。

（二）实现考试的功效

任何社会活动功效的实现都离不开一定的条件，考试活动不但是一种社会活动，而且是一种特殊的社会活动。只有具备了一定的条件，考试功效才能实现，而这些条件的创设必须依靠严密科学的考试管理，即把考试活动的全过程置于有效的控制之中。同时，这种控制必须是全方位的。全方位，是指考试活动全过程的每一个方面和每一个环节都必须有严密的控制措施。从考试的各个环节来看，无论哪个环节出了问题，都会对考试的功能造成危害。

（三）树立踏实进取的学风

所谓学风，即治学之风尚，立校之根本。它是靠广大师生员工在科学研究、思想教育、行政管理和后勤服务等工作中共同努力建立起来的一种治学态度。因此，学风问题是高校工作中的一项重要的基础建设工程，是学校教育中一个不可忽视的问题。

第一，良好的考风和学风具有很强的感染作用。学风是一种精神力量，它可以被感知、效仿、传播和宣传，从而形成强大的心理影响力，感染并熏陶每一位师生，而且对不适应者形成压力，使个体行为逐步适应群体行为。

第二，良好的学风具有激励作用和良好的导向作用。多数学生的良好学风对少数学生的不良学风是一种示范和鞭策，促使具有不良学风的学生转向接受这种行为准则。同时，当坚持良好学风的个人受到学校的表彰时，学生会因之受到很大鼓舞，甚至将这种学风内在化成为个人治学和成才的座右铭及行为准则。一个学校有严格而合理的考试制度，是提高教学质量、形成一个良好的学风的重要条件。严密科学的考试管理可以帮助学生形成正确的是非观，是非观是人们思想道德和行为的基础。如果在考试管理中法纪严明，不仅可防止或减少违法、违纪现象的发生，而且会引导学生对考纪考规的重要性、严肃性形成正确、明晰的认识，强化执法、守法观念，逐步养成遵纪守法的习惯，提高法纪素养，有利于树立踏实进取的学风。可见，严格考试管理是促进学风建设的一个重要环节。

二、高校课程考试管理的构建

（一）高校课程考试应遵循的基本原则

课程考试是教学过程中十分重要的环节，它不仅要完成对学生在经历一个教学过程后学习情况的评价任务，而且还要检查教师的教学效果与水平，诊断教学中存在的问题，反馈教与学过程中的各种信息，进而发挥促进教学改革的作用。它所特有的检查测评、导向、激励、鉴定和系统整合五大功能是其他教学环节所不能替代的。高校课程考试必须适应社会发展的需要，必须适应被考者的身心发展水平，必须有利于促进和客观评价学生综合运用所学知识解决实际问题的能力，必须有利于提高教师教学水平，以保证不断提高人才培养的质量。考试原则是从事考试活动、处理各种考试问题、规范考试行为所必须遵循的基本原则。

课程考试管理是一项基本的教学管理，是保证考试的公正性与客观性，正确发挥考试功效，促进教学工作的关键环节之一。考试管理质量直接关系到教风、学风的建设和教学质量的提高，是衡量学校办学水平和管理水平的重要标志。加强高校课程考试管理应遵循以下原则。

1. 方向性原则

考试管理是管理者根据既定考试目标要求，运用适当的程序、方法、手段及行为规范，合理调配人、财、物、信息等资源，对考试活动实行有效控制，以实现共同目标的一种社会活动过程。考试管理即因一定管理目标的需求而启动，又以实现预定目标为归宿，其管理过程的产生与形成均以一定的管理目标为先决条件，而目标本身总要体现为一定的方向；目标的正确与否要以所引导的方向是否正确作为衡量的标准。因此，科学的考试管理必须坚持方向性原则。

2. 科学性原则

科学性原则是指运用现代管理理论、教育测量与评价理论、教育管理理论、心理学理论等作为充分的科学依据，使考试管理活动具有可靠性、可信度，并采用科学的考试管理方法、成熟的管理经验，使考试管理活动行之有效，以利于实现预期的管理目标。

3. 公正性原则

考试管理公正与否，关系到考试的权威性，反映的是校风、考风的建设程度，而且考试直接关系到被试者的切身利益，直接影响被试者的心理，影响着个体对社会的态度。因此，我们要积极地创造条件使考试尽量接近公正。

4. 系统性原则

系统是指由相互联系、相互作用的若干组成部分构成的有机整体。这个整体具有其各个组成部分所没有的新的性质和功能，并和一定的环境发生交互作用。考试管理是一项系统工程，它包括教学管理工作、思想教育工作、后勤保障工作等方面，涉及教学系部、学生处、总务、保卫等部门。教学管理部门要妥善安排，使考试工作井然有序地进行。

（二）高校课程考试管理运行条件的探讨

考试管理的目的在于维护考试的标准规范，维持考试实际运作与计划方案相一致，使考试沿着预先设定的轨道运行，同时对不切实际的计划予以及时调整，纠正运行过程中出现的偏差，矫正反馈信息中不确切的数据或结论，保证考试结果的真实性，并从中分析成功与失败的原因，探明修正的途径，通过反馈给新的考试运行提供理论及实践的依据。高校课程考试管理的正常运转应具备以下条件。

1. 建全的考试组织机构

若无健全的考试组织机构，自然也就谈不上深入开展考试实践中相关问题的研究。要不断更新、完善考试理论，用以指导新的考试实践，进而强化考试主动适应社会发展需求的能力，使之正确发挥功能。考试组织是考试队伍的依附体，考试组织不健全，就不可能形成稳定的专业考试队伍。整个考试的设计、实施与管理必然是临时拼凑的，量尺标准、实施规范、结果真实的考试目标就难以企及。

2. 素质优良的考试管理队伍

一切先进的控制技术设备，各类考试行为规范，各项工作标准都有赖于高素质的控制者通过对人的有效控制才能充分发挥其作用，进而给考试运行以积极的影响。培养和造就一支高素质的考试管理队伍是保证考试质量、提高考试效率和效益的需要。参考考试管理系统的运行环节，考试管理队伍可以划分为考试行政队伍、考试业务队伍和考试科研队伍三类。

考试行政队伍是考试队伍中常规性的人员配置组合，它包括学校、职能部门和教学单位的领导者和一般行政工作人员。考试行政队伍的职责是负责考试管理机构各项职能活动的顺利进行和考试管理目的的有效实现。

如果说考试行政队伍的建设是源自加强考试活动外部组织管理的要求，那么，考试业务队伍的建设则是出自考试流程内部运行的要求。考试活动是一个动态的运行过程，其流程要经过命题、施测、评卷等依次相连的环节，各个环节都事关考试的质量。以命题队伍为例，倘若命题人员不能把人才评价标准准确体现于测试内容和目标中，作为测试工具的试卷就失去了效用，考试活动的效果、价值也就无从谈起。

考试科研队伍是伴随着现代考试改革和发展的深入，而日益显示重要性的一支必不可少的考试队伍。其职责是结合高校教育教学实际，重点研究课程考试的理论与实践问题，从而为学校的考试活动提供理论指导。高校课程考试时间的非经常性，决定了考试管理队伍的非专职性，也就是说，他们基本上都是兼职考管人员。应该特别指出的是，为了保证课程考试质量的不断提高，非专职性的考管队伍应该具有专业性的水平。

3. 健全的考试规范、严密的考试程序和科学的考试控制标准

它们是实行考试控制的依据和准则，是引导考试运行方向、防止考试运行偏离预定轨道的保障措施。同时，它们也是维护考试权威性、公正性的必要条件。所谓考试规范，亦即考试运行的规程和参与考试活动各类人员的行为准则。它是控制考试运行的直接依据，一般包括考务规程、命题细则、监考守则、考场规则、评卷实施细则、考试信息管理规定、保密规定、违纪处罚规定等。严

密的考试程序是指从考试命题、实施到评价、分析、反馈、考场编排、各类工作人员配置等各个环节都要严格要求，注重考试的整个过程。科学的考试控制标准包含时间标准、数量标准和质量标准。

4. 良好的信息传输与反馈机制

从整个考试的过程来看，考试质量分析是信息反馈的主要途径。应该根据考试结果为学生提供反馈，以检查教学目标的实现情况，检查教学措施的实施效果，发现教与学两方面存在的问题，从而改进教学工作。研究表明，运用反馈以增加学生课堂反应数量和提高学生课堂反应质量的教学，对促进大学生批判能力的发展有一定作用。从教师自身而言，在试题反馈分析的过程中，能够及时收集来自学生的真实信息，是一笔难得的宝贵财富，是一次向学生学习和自身学习的过程。通过试题反馈分析，教师不仅了解了学生的学习需求与希望，看到了命题中需要改进的地方，并能从这一教学情景中获得许多启示和感悟。通过与学生交流，促进教学反思。在反思中学习，在反思中丰富教学经验，从而提高教学能力。从教学管理的角度而言，组织试题反馈分析的过程就是检查、反思、总结、促进教学相长的过程。它为今后命题、考试、评价等方面的教学管理工作积累了宝贵的经验，同时也为教学双方提供了一个平等、真诚的教学交流和情感互动的平台，对师生双方都起到了积极的促进作用。通过考试的质量分析，能够使考试决策层及时客观地了解考试的情况，从而对考试活动中出现的种种偏差进行分析，以探明造成考试偏差的原因，并进行调节和控制。良好的信息传输与反馈是保证考试决策正确的重要依据，也是促使考试走向科学化的必要措施。

三、高校课程考试管理改革的对策

高校课程考试管理是一个由多因素组成的相互制约、相互促进的封闭的动态系统。因此，改革高校课程考试管理应该坚持系统论的观点和方法。

（一）推进考试观念的深层次转变

思想观念是行动的先导。转变高校领导、教师、管理人员乃至学生关于课程考试的观念，是推进高校课程考试改革的前提和基础。关于考试观念的转变，必须解决以下三个问题。第一，必须正确认识考试在人才培养中的作用与地位。第二，到目前为止，高校从管理者到教师再到一般教管人员，要在思想上真正承认考试是一门科学，要真正弄清、弄懂这门科学。因为唯有了解、掌握了考试的理论、运行规律、方法与技术，才有可能在课程考试中正确、有效地运用这门科学。第三，必须正确认识考试管理是一项关系考试成败、人才培养质量的系统工程。确保课程考试组织实施的科学有效性。

（二）建立考试中心，完善考试管理规章制度

考试管理要系统化、规范化，首先必须建立健全考试管理机构。考试是一项系统工程，为保证考试的顺利进行，提高考务人员的业务水平和考试管理质量，高校应该成立考试中心，统一管理高校课程考试。作为高校考试的综合管理机构，考试中心的职责与任务包括以下几点：①统一规划、组织和实施高校的课程考试；②建立、完善课程考试管理规章制度并坚持严格实施；③针对学校课程考试的实际和需要，开展课程考试的评估与研究；④承担考试管理方面的人员培训。

（三）培养和建设高素质的考试管理队伍

精干的考试管理队伍，是有效发挥考试管理功能的基本条件之一。严明的法纪可以使考试管理从制度上得到保障，健全的机构可以从组织方面保证考试管理功能的正常发挥。但如果没有一支精干的考试管理队伍，无论多么严明的法纪、多么健全的机构，都很难产生实效。课程考试属校内考试，与社会考试相比，其规模较小，只是学校工作中的一项，且时间上是间断的。然而，这一切并不意味着课程考试管理就不需要高素质的管理队伍。所以，高校应重视课程考试管理队伍的建设。考试管理队伍包括科研队伍、行政队伍和业务队伍。

（四）实施科学的教考分离

教考分离制度是一种现代教学管理手段。所谓"教考分离"是指将教学与考试分离进行，即将过去某一课程由任课教师自己命题、自己评分的做法改为从规范、标准的试题库中筛选、组合出符合要求的试卷，或由教学管理部门组织教学经验较为丰富的非任课教师依纲命题，并统一组织考试，统一评阅试卷。实行教考分离的目的是提高考试的质量和水平，为学生成绩的评定、教师的教学评价以及教学管理决策提供科学的依据。它有利于促使教师授课全面系统地贯彻教学大纲的各项要求，促进学生端正学习态度和良好学风的建设。这样既能促进教师的教，又能促进学生的学，充分体现了教师的主导作用和学生的主体作用相结合的教学原则，充分调动了师生的积极性。推行高校的教考分离需从以下四点入手。

1. 加强宣传，统一思想

教考分离势在必行，但大部分教师与教学管理人员对此认识还不足，心理上也还不太适应，存在抵触情绪，这在一定程度上增加了推行工作的难度。因此，

推行教考分离的首要任务是加强对教考分离制度作用和意义的宣传。在学校层层推进，调动各方面的积极因素，使认识统一到培养合格人才上来，以有利于逐步实施教考分离制度。

2. 科学合理地安排实行教考分离的课程

从教学总体效益上讲，并非每门课程实行教考分离都有利，如文科类的一些课程，本身要求学生涉猎广泛，如果把试题局限于一课堂内的几本书，显然不利于培养学生的能力；又如理科的一些专业性很强、难度很大的后续课程，学校常常只有一两个老师熟悉课程内容，推行教考分离也不太切合实际。因此，学校应该在充分调查研究的基础上，科学合理地安排实施教考分离的课程。

3. 积极修订教学大纲，为课程实施教考分离建立前提条件

教考分离制度将教与考分为两条线，没有课程大纲则无法组织有效的教学，更无法组织有效的考试。因此，高校应积极组织力量修订、制定课程大纲，为课程实施教考分离创造前提条件。

4. 建立高质量的题库，使教考分离更科学化

实行教考分离的重要途径是建立科学的题库。科学的题库可以提供各种规格、各种层次及科目的试题。采用试卷库的试卷可以克服由于教师命题随意性带来的信度差和效度差的弊病。试卷库的试卷由水平较高的非授课教师参加阅卷，这在一定程度上预防和杜绝了授课教师在考试环节中参与作弊的现象。学校内部考试通过这方面的改进可提高质量与权威性，但建设科学的题库、试卷库并非一蹴而就。它既是一项阶段性的、多方人员合力攻坚的综合技术工程，也是一项长期的、由专业技术人员不断充实、革新、完善的系统工程。在高校中因学科、专业的多样性，试题要注意学科性、专业性，以及适应学生能力、教学水平变化的需要。

（五）考试方式多样化

学校应鼓励教师根据本门课程的性质选择灵活多样的考试方式，突出课程的考核重点。一般高校基本的考试形式可采用以下七种：①闭卷考试；②开卷考试；③口试；④成果考试（如设计、论文、报告、制品等）；⑤操作考试；⑥计算机及网上考试；⑦观察考核。

每种考试方式各有其特点，单凭一种考试方式不可能全面反映学生综合运用知识的能力，应采用几种方式相互组合以取长补短，这样既可以考查学生掌握知识的程度，又可以检验学生运用所学知识解决实际问题的能力，使考核结果更全面。还可以通过奖励措施鼓励并引导学生从多方面、多角度，用多种方法来解

决同一问题，以培养和发展学生的创造思维能力。选择最佳的考试方式是提高考试效度的重要途径，适当灵活的考核方式能够进一步提高学生的学习主动性和自觉性，从而进一步巩固和深化所学课程的知识，举一反三、触类旁通。这样既能帮助学生克服死记硬背的学习习惯，又能锻炼他们各方面的能力，从而达到育人的目的，同时也在一定程度上减弱了学生作弊的动机。改革考试形式并不是简单、孤立的问题，它需要各方面的配套改革措施，需要有规范的教学政策和条件来支持，尤其要求改革传统的教学管理体制。考试形式与教学思想、教学内容、教学方法、课程安排和师资队伍建设等都密切相关。所以，考试方式的改革不仅需要鼓励广大教师改革考试的内容，还需要各方面的配合与合作才可能取得成功。

（六）重视平时考试

建立科学的成绩评价体系能改变所有课程均实行"一次性闭卷考试"的局面。要结合课程总结性考试与平时考核进行综合评价，并逐步加大平时考核成绩在总成绩中所占的比例，实行百分制、等级制、评语相结合的评分方法。加强对学生的平时考核，并不是频繁增加考试次数。而是任课教师在教学过程中，根据不同阶段的教学要求，灵活运用提问、讨论、作业、小论文、小测验等方式了解学生的学习状况，并通过测验获取教学信息，从而指导教学更好地开展。

（七）实行全程管理

考试管理分为考前管理、考中管理和考后管理，如某一环节工作不到位，就会使考试失去真实性、客观性和公正性，达不到考试的真正目的和效果。考试质量分析和信息反馈是现代考试流程的一个基本环节，是现代考试管理的一项常规工作。通过考试质量分析这个环节获取的大量信息经过整理、研究，并及时进行信息反馈，对于改进和完善考试工作、提高考试质量、促进考试走向科学化具有重要的作用。

第四节　高等院校行政管理

一、高等院校行政管理体制改革的研究

高等院校行政管理体制改革是当前我国高等教育体制改革的核心，也是改革的难点。高等院校行政管理体制改革既包括教育行政管理体制改革，也包括

高校内部的行政管理体制改革。

目前,对高等院校行政管理体制改革的研究比较多,如对办学自主权的研究、对高校合并的研究、对领导体制的研究、对办学体制的研究、对人事改革的研究等。但是,这些研究大多是对高等院校行政管理的某个方面或局部的研究,对行政管理体制的系统性研究不够,已有的研究也多以对策研究为主,缺乏对一些较深层次原因的深入研究。要实现我国已经明确的新世纪高校的改革发展目标,将是一个艰巨的过程。进行高等院校的管理体制改革,必须把问题放到既定的客观环境中,即抓住事物的主要矛盾和矛盾的主要方面。它需要更多的人对此进行更为自觉、更加深入的理论研究和实践探索,深入探寻现代高等教育发展的普遍规律,进一步为高等学校的管理体制改革提供科学有效的理论指导。

二、我国高校行政管理体制改革的依据

以发展为主题,以结构调整为主线,以政府部门放权和管理体制创新为动力,以提高办学质量为出发点,是高等教育改革的主要特征。高等教育体制和运行机制正从适应计划经济转变为适应市场经济;资源配置正从政府主导型的计划配置转变为政府宏观指导下的发挥市场调节作用;教育政策越来越体现公平与效率的统一;人才培养规格和模式日益多样化;教育在促进思想道德观念的更新,促进社会进步方面作用越来越大。建立现代大学制度是当前高等教育深化改革的必然要求,也是内部改革的外在动因。

随着高教改革重心的逐步下移,高等学校本身在改革中的地位和意义已经越来越重要。历史经验表明,教育的改革必定经历一个从系统的、宏观的层面转向学校层面的过程。这种转向是高等教育本身的使命和功能决定的,因为人的培养毕竟是由学校承担的。随着高校办学自主权的落实,高校的办学规模和办学内容普遍在扩大,内部管理活动的独立性和重要性也日益显现。

作为规模庞大、职能众多的知识型组织,学校的事务正变得越来越复杂。现代信息技术的发展又极大地改变了学校管理的职能和模式,高等院校的管理职能已经转变为创新性企业型大学的开拓者,管理在大学的生存与发展中显得越来越重要。加强管理,管理要效率、要质量、要效益是高校生存发展的根本大计。

(一)教育行政管理体制改革的因素分析

一定的高等教育总是与一定的社会历史条件相联系,分析社会的宏观背景

可以为我们认识、分析高等教育提供更广阔的视野，帮助我们揭示高等教育改革发展的深刻社会动因。研究中国当代高等教育的宏观背景，就应该认真分析当前国内外社会政治、经济、科学技术和文化教育等的发展变化及其对中国当代高等教育所产生的深远影响。

1. 国家政治体制和行政体制改革的深入推进和发展对高等学校行政管理体制改革提出了客观要求

我国政治体制改革本质上是我国社会主义政治制度的自我完善和发展。我国政治体制和行政体制改革的内容主要表现为：强调行政管理权力要进一步下放到地方政府，加强地方政府在区域社会发展与经济建设过程中的主体作用和决策权限，加强宏观指导和监督；解决行政效率低下的问题，消除臃肿的机构设置，精简各级行政机构，增强行政效率等。这些方面的改革促进了社会主义物质文明和精神文明建设。社会主义政治体制和行政体制的发展变化，是我国高等教育管理体制和运行机制发展最为深刻的社会动因，为我国高等教育的体制改革和高等教育行政的职能转换创造了有利条件。

2. 市场经济体制深入发展和不断完善要求高等教育管理体制应进行相应的改革和调整

在社会主义市场经济体制下，多种经济成分的并存和发展冲击着学校办学主体的单一化格局及相应的管理模式。经济主体的多元化排斥着高度集中的教育决策行为，要求决策主体在决策权上明确划分。随着包括劳动力市场、资金市场、信息市场等在内的市场体系的健全，市场的多变性、竞争性、开放性及信息网络性的特点，日益要求学校面向社会需求独立自主办学，要求教育行政部门的宏观调控要有合理的依据。

3. 高等学校通过近些年的调整、合并，学校规模不断扩大，对管理提出了更高的要求

众所周知，管理不是无限的管理，它的作用对象总是有限的，总有一定的范围。管理对象超出这个范围，对管理的效益和效率就会产生影响，造成管理的低效益、低效率，甚至造成管理混乱、无序、无效，以致适得其反。目前，高校的数量、规模庞大，使得高校管理事务庞杂，而市场经济对高校的影响也越来越大，高校的招生、就业、后勤社会化、人事制度改革、融资渠道变化等，越来越受到市场、社会的影响。因此，必须及时地对传统的管理体制进行改革和创新。

4.办大教育的要求

为充分发挥现有高校的有限资源，为社会培养更多的建设人才，产生更多更好的科研成果，更好地服务社会，我国需要大力加强高校管理体制改革，充分挖掘管理潜能，发挥管理效益，消除各种体制的束缚性因素，从而让一切创造科研成果、培养人才、服务社会的源泉充分涌流。

（二）高校内部行政管理体制改革的因素分析

1.教育大众化和教育收费制度的需要

由于招生规模扩大，高等教育开始向大众化方向发展，学生缴费上学使高等教育市场化的性质得到一定程度的体现。为此，高等教育成为日常百姓关注的焦点，人们开始关注教育的效益、效率和公正性，这也对新形势下高校管理提出了更高的要求。要求加强管理问题研究，提高管理水平和效益，充分释放管理能量，提高办学效益、效率，不断满足日益社会化的高等教育的发展要求。

2.提高高校管理效率和效益的需要

目前，在我国高校的管理体制中，管理的科学性、民主性不够，对办学效率和效益缺乏一套科学的评价、激励、监督和约束机制。在项目建设投入上过于重视项目的审批，从而在许多项目建设上造成了低效益，浪费了资源，加大了成本。这些都要求我国要理顺管理体制，从而提高办学效益，更好地为社会发展提供更多的人力资源和知识支撑。

3.高等学校发展的内在需要

我国高等教育正处在重要的转型期，这种转型既是适应国内国际经济、社会发展的需要，也是中国高等教育本身的一种创新；既是高等教育外部关系的一次调整，也是高等教育内部的一个改革。在新形势下，一些传统的体制性因素束缚了高校的深入发展，如办学体制问题、投融资问题、人事管理、分配制度和保障制度等问题。如何面对新的机遇与挑战，在管理办法上有所创新和突破，是所有高校都在深思和必须回答的重大问题。高校要发展，要壮大，就必须要大胆突破传统的管理理念和制度，积极学习借鉴和创新性地吸收发达国家高校管理的经验和做法，要对不合时宜的管理制度进行大胆的改革和创新，积极探索一些适合自身发展的新机制、新措施，不断推进学校的建设发展。

4.国家事业单位改革的需要

近几年来，国家积极推进事业单位改革，转变事业单位职能，实行事业单位机构和人事制度改革，在选人用人机制、职称评价、分配制度、保障制度等多方面进行了积极的探索和实践，积累了有益的经验。在高等学校中也积极推行了相关的改革和试点，形成了较好的改革氛围和条件。高校在新的形势下，必须面对改革的大趋势，深入分析社会的新变化，明确高等教育职能的新内容、新任务、新要求，及时调整自己的管理制度、机制和办法。

5.落实办学自主权和实现高校内部管理科学化的客观需要

实现学校内部管理的科学化，必须以扩大高校的办学自主权为根本前提。高校办学自主权的最终落实有赖于学院内部管理科学化的实现，高校办学自主权是实现学校内部管理科学化的根本前提。高校办学自主权是指高校独立行使的自主改革和自主发展学校的权力。具体来说，就是高校可以自主地进行教育、科研和后勤服务的权力。本质上，高校办学自主权问题主要是关于大学与政府部门之间权限的张弛与分配问题。

管理科学化的本质是对组织所拥有的资源进行理性的配置、组织和利用，使之产生最佳效果；而一个组织所拥有资源的数量和质量决定其生产和提供产品的规模、质量，直接影响一个组织的整体实力和竞争力。

6.稳定教师队伍，提高教师素质，为高校培养、储备高素质教育人才的需要

要建设一流的大学，不仅要有一流的师资队伍，更要有一流的管理。如果仅有一流的师资，而管理落后，必然导致管理的低效能，直接影响并限制教师才能发挥，最终也难以建设一流的师资队伍。要建设一流的大学、一流的师资，必须建设一流的管理，使管理人正为教学科研服务，为教学、科研保驾护航，使教学科研人员真正对学校产生归属感，安心教学、科研，从而为学校的发展奠定最基本也是最重要的基础。

7.遵循教育规律，还权学术的需要

高校必须按照教育规律来培养人才，按照科研规律来开展科研工作，在社会服务方面也必须遵循教育和知识的价值规律。这就要求从事学术的人必须具有相应的学术权力，在相应的决策活动中具有相应的决策权。还权于学术，给予学术相对独立的发展空间，发挥教师教学、科研的积极性和创造性，使他们将自己的主要精力和时间用在教学科研上，产生更多的教学科研成果，从而服务于社会。

三、我国高校行政改革的主要思路、对策和建议

加速推进和全面深化高校管理体制改革，这既是当前我们所面临的一项十

分重要和紧迫的任务，又是一项复杂和艰巨的系统工程。我国现行的高校管理体制与我们所设计和选择的改革目标模式之间还存在着差距，深化我国高校管理体制改革的目的在于，更好地适应正在不断变革中的社会经济环境。同时，也只有不断地改变各种相关的社会经济条件和环境，才能进一步深化高校管理体制改革。就当前我国各项改革的实际进程和状况来看，我们依然面临着一些难题。只有解决这些难题，才能更好地实现既定的改革目标。

（一）教育行政管理改革

第一，进一步解放思想，转变观念，这是继续推进和深化我国高校管理体制改革的先决条件。为了推动思想解放，促进观念转变，统一思想认识，明确改革目标，尽量减少改革的阻力和改革的成本，我们必须大力加强高校管理体制改革方面的理论研究，认真总结前期改革的经验，积极开展学术交流和理论宣传，创造良好的改革环境和条件。与此同时，我们还要转变旧观念，树立高等教育管理社会化的思想。在教育管理体制改革的过程中，必须从理论上打破传统观念，树立高等教育管理社会化的思想，推进管理主体社会化，实现管理效能社会化，从而促进我国高等教育与社会政治、经济的改革发展相适应，以实现高等教育管理体制改革的最终目标。

第二，建立政府宏观管理、学校面向社会依法自主办学的管理体制。政府对高等学校的管理是高等学校发展的根本保证。这里讨论的不是对高等学校管不管的问题，而是如何管，管到什么程度的问题。社会越进步，高等学校越发展，政府对高等学校的法令法规也就越多，这是一对矛盾。要解决这一矛盾，政府就要对高等教育进行必要的、适当的和合理的管理，具体来讲就是：由直接管理转为间接管理，由硬性管理转为软性管理，只有这样才能使高校办学自主权得到真正的实现。政府职能主要体现在对高等学校系统的宏观管理，体现在把握高等教育事业的方向和质量标准等方面。概括而言，政府对高校的管理应主要体现在对教育的规划和立法、教育经费的管理与控制、教育的评估与监督这三个方面。要处理好高校办学自主权与大学内部管理科学化的关系，实现二者的同步完成，应从以下内容着手。

完善高等教育法制，为高校自主权的扩大和大学内部管理科学化提供保障。要实现高校办学自主权的扩大和内部管理科学化，必须有强有力的法律法规作为保障。

面对新的形势，政府如何加强宏观管理，涉及政府职能和管理方式的转变，这是教育体制创新的关键,有待于继续探索和创新。归结起来,调整政府与高校的关系必须解决好三个问题:如何面向市场、依法办学和民主管理。加强教育法制建设、依法治教,既是中国教育现代化的历史选择,也是对中国教育的必然要求。我们必须将整个教育系统建立在法制的基础上,用法律来维护各管理主体的社会地位,划分各自的权限,明确各自的义务和责任,并真正做到"有法必依、执法必严",只有这样才能保证高等教育高效、有序地运行。

(二)高校内部的管理体制改革

高等学校内部的管理体制改革是一个相当复杂的问题。改革高校内部的行政管理体制要从政府管理的模式中走出来,按照教育规律管理学校,在教育教学观念改革已经取得重大进展的背景下,为教学、科研、服务工作创造良好的运行机制和外部环境。这既是实施科教兴国战略和发展社会主义市场经济的需要,也是高等教育改革和发展的需要。基于上述种种原因,今后的改革重点应在以下几方面进行创新和突破。

1. 明确各自职责,加强学校领导干部的任命机制改革

改革高校领导单一的委任制,全面实行聘任制、任期制。学校的运作必须遵循教育教学的规律,具有不同于政府的运作逻辑和运作轨迹。

2. 理顺学校内部学术权力与行政权力的关系

要淡化行政级别观念,重视学术权力,建立教授委员会等组织,广泛吸收学术人士参与决策和管理,充分发挥高等学校的学术权力在决策管理中的作用。学术权力和行政权力在高校中都有其存在的必要性和局限性,两种权力不能互相替代或以一种权力掩盖另一种权力。高校的教学、科研和社会服务都是具有独立性和创造性特点的知识活动,并且基本上是以学科为基地展开的,只有从事这些活动的专家对于这些事物才有较权威的发言权。当然,提倡以学术权力为主导并不是抹杀行政权力的作用,二者的有效整合是处理权力结构的关键。

3. 转变管理理念,树立经营学校的观念

一切改革,必须观念先行,没有观念的转变就不可能有行动的解放。当今,高校必须及时调整自己的办学理念和管理理念,积极吸收借鉴先进经验,创新自己的管理思想。高校投融资体制的转变,社会化办学的冲击,高等教育产业的深入发展,都迫切需要高校遵循教育发展的规律和市场发展的规律,以经营学校的观念来指导学校的管理工作,不断壮大自己的办学实力,从而更好地为教学科研服务。

4. 加强高校管理职能的调整，促进机构改革的进程

高校以前的管理主要是一种行政管理，是一种大管理和单一管理，管理高校所有师生员工的日常生活。在知识经济时代，知识已经不再是间接地影响经济，而是直接参与经济活动，已经成为经济生活的一部分。知识的作用不仅通过掌握知识的劳动者体现出来，而且可以直接变成财富，即实现知识的物化。

5. 加强高校人事分配制度改革

大学的核心竞争力在于师资，而管理则可以充分释放师资的潜能。高校应通过人事分配制度改革引进竞争机制，实现人才的合理分流与利益的合理分配，从而提高教职员工的待遇，充分调动广大教职员工的积极性，发挥他们的聪明才智，以形成强大的学校竞争力。

6. 建立和完善高校内部的评价体系和考核制度

高校要积极思索和创新自己的评价考核体系，主动迎接已经到来和即将到来的挑战，大力改革高等学校的教师评定考核与奖惩制度，使之能有效地调动教职员工的工作积极性，在高校形成一种良性的运行规律，从而有利于高校的整体发展。

7. 加强高校管理方式和管理手段的转变

在高校管理对象复杂化、管理内容多样化、管理需求多元化的今天，要积极创新传统管理模式，将传统单一的行政命令引入市场管理理念和手段，加强高等学校与社会的联系，尽快建立与完善高等学校与社会相互合作的有效机制。与此同时，还应完善中介组织，发挥中介组织的作用。在当今社会，应合理依靠中介组织的各种功能，如桥梁作用、缓冲作用、服务作用、监督作用和资源配置作用，以达到降低交易成本的目的。

8. 建立健全高等学校内部的各项规章制度和加强组织建设

制定完善的大学章程，组建教代会、工代会、教授委员会等学术组织和职工权益组织，并切实赋予其相应的职权，充分发挥其作用，使其在重大问题的决策上能够起到决定性的作用。加强对各系统及各组织行为的有效规范，特别是在自主权不断扩大的过程中，需要尽快建立完善的自我约束机制。在政府的宏观管理下，自身能够实现有效的管理和运行，保证各项职能充分协调地发挥。在建立相应的约束机制后，在规范比较健全的情况下，一些管理领域可逐步向管理工作专业化、职业化方向发展，如后勤服务工作、学生管理工作和科技服务工作等。

第三章 我国高等教育教学管理体制改革实践路径

我国的高等教育作为世界高等教育系统中的重要组成部分，既有许多与国外高等教育相似的特点，又有自身的特点，就学校管理而言，存在着一些矛盾，如学术管理的主体性与高校内部行政管理规范性的矛盾、传统的教育教学管理模式与知识经济社会要求培养创新人才的矛盾等。在教学管理中，也存在着一些亟须解决的问题，对于这些问题，有必要进行深入研究和探讨。

第一节 我国高等教育管理体制现状分析

教学管理是指学校领导和师生共同遵循教学规律，充分发挥管理职能，通过各种管理手段和方法，对教学系统的各个要素（学生、教师、教材、教学设施等）进行合理组合，使教学管理的组织机构协调运转，教学活动有序、高效运行，完成课程计划、教学大纲和教科书规定的教学任务，实现教学目标的职能活动过程。教学管理的任务是根据确定的培养目标，按照一定的管理原则、程序和方法，组织和协调教学过程中的人力、物力、财力、时间和信息等，建立正常、相对稳定的教学秩序，以保证教学过程的畅通，使教学过程达到协调化、高效率与最优化，确保教学任务的完成，培养德智体全面发展的合格人才。

一、教学管理在高校的管理工作中居于重要的地位

教学管理在高校管理工作中主要有以下作用。

（一）学校的基本任务是培养人才

学校的各项工作都必须围绕培养人才这个中心展开，而人才培养在一定时期内仍将通过教学活动进行，学校的各个方面几乎都离不开教学这一教育形式。

（二）教学管理受教学过程客观规律的制约

教学过程是方向不确定的动态系统，因为教学过程的随机因素复杂，其效果的不确定性非常显著，即教师教了以后，学生不一定就懂，要使教师教好，学生学会并且学好，就要有一定的措施加以保证，这就需要教学管理规范教学活动，形成教育合力，提高教育效果。

（三）教学管理担负着对学校全体教师和学生的管理

学校管理最重要的是人的管理，教师和学生都是活动中最重要的因素，也是学校的主体。教学质量的高低，学习效果的好坏取决于教师工作的主动性、积极性、学生学习的态度和方法，因此，对教师和学生的管理对于学校整个管理具有非常重要的意义。

二、高等教育管理的职能分析

在教学管理活动中，必须正确、恰如其分地发挥管理职能，才能形成有效、系统的管理过程。通过对教学管理活动的实践和理论研究，决策—计划—组织—实施—指挥—协调—监督—检查—总结，既是教学管理过程中相互联系的环节，也是其发挥的职能，大致可以做如下划分。

（一）决策与计划的职能

1. 决策与计划是教学管理的首要职能

决策就是人们对未来实践的方向、目标、原则、方法和手段所做出的选择和决定。计划是根据决策和目标的要求，进行统筹安排，拟订实施方法和程序，制定相应的策略、政策等。决策是计划的前提，计划使决策具体化，决策与计划是整个管理工作的基础。

2. 教学管理决策包括目标预测和目标决策

高等学校作为培养国家高级人才的基地，对人才培养的目标有明确的规定。教学系统自身发展的目标是指与教育目标相适应的办学规模、办学条件、师资队伍等方面的发展目标。目标决策主要是对教学目标和教学管理目标的决策，教学目标包括教学总体目标和教学过程各个阶段的具体目标等，教学管理目标包括教学管理总目标和教学思想管理、课程管理、教学质量管理、教师管理、学生管理等子系统的具体目标。

3. 教学管理计划

教学管理计划包括教学规划、教学计划、教学政策法规和教学管理工作计划等。教学规划是学校教学工作整体的、较长远的发展设想和计划，包括规模、方式、方法等总体目标和总的方向。教学计划是学校组织实施教学的总体设计，包括培养目标、规格、课程设置和要求、学时和教学环节分配等方面。

教学政策法规包括国家依据教育目的而发布的规定、条例、规则和学校为了完成培养人才的任务而制定的规章制度等。教学管理工作计划包括组织和管理教学的各类工作计划，如招生工作计划、毕业工作计划、师资培训计划等。因此，教学管理计划是一个内容广泛的计划体系，计划功能对于教学管理系统具有特别重要的意义。

（二）组织与实施的职能

组织与实施是教学管理系统的一项重要职能，指按照决策目标要求，把系统中的各种要素组织起来，执行管理计划，使教学管理计划能够付诸实施。组织与实施功能具体包括两个方面，组织设计的功能和组织行为的功能。

1. 组织设计的功能

组织设计指按照目标要求，设计任务结构和权利关系，建立一个合理而有效的管理组织结构。

它的基本内容包括：为实现教育教学总目标把教学总任务分解成若干具体任务；把具体任务合并归类，划分部门，建立职权机构，如按年级设立年级组，按学科设立教研组等；选择和配备教师和管理人员，明确职责，并授予他们组织和管理教学的相应权力；为协调组织机构的职权关系和信息沟通关系而拟定各种规定，如教师工作职责，教学管理规章制度等。

当然，并非对每项任务的管理都要有建立组织机构的过程，经常性的组织工作是根据各个时期的任务所规定的目标组织力量、明确分工、授予权力和协调关系。

2. 组织行为的功能

组织行为即组织实施，是组织力量执行计划的行为和过程，其目的是使管理计划能够付诸实施。

组织实施的基本内容包括：统一目标，使全体教职工目标一致；统一组织指挥，使系统内的一切工作都有人按时、按量、按质完成；人各有责，人尽其才，实行职、权、责相统一，使全体教师和管理人员明确自己的职责、工作范围、工作质量要求和协作关系；统一步骤，按计划步骤统一行动，保证计划的步步落实。

（三）指挥与协调的职能

指挥与协调也是教学管理系统的重要职能。指挥是指领导者依靠行政权威，指示下属从事某种活动，使系统按指令运行。协调是指消除管理过程中各环节、各要素之间的不和谐现象。因此，指挥与协调是从不同的侧面对管理过程的干预和控制，两者之间相互补充、相互完善。

1. 指挥功能

指挥功能是指通过下达命令、指标等形式，使系统内部个人服从于一个权威的统一意志，将计划和领导者的决心变成全体成员的统一行动，使全体成员履行自己的职责，全力以赴地完成所负担的任务。教学管理的指挥功能有以下几点。

（1）实行专家治校，保证领导权威，保证领导的督促、率领和引导作用有效发挥。

（2）运用各级教学管理组织权责和规章制度，规范全体人员的行动。

（3）严格按计划、大纲组织教学，统一标准，统一要求。

（4）建立教学指挥机构，一般由领导、职能部门工作人员，借助先进的设备手段，建立教学指挥中心等形式的教学指挥系统。

2. 协调功能

协调功能是指对系统运行过程中各环节、各要素之间的不和谐现象进行处理和调整，以消除和减少各种矛盾，保证目标的实现。协调功能带有综合性、整体性特征，它是管理本质的体现。从某种意义上说，管理就是协调。

教学管理协调的主要内容是通过计划、沟通、调整等方法，协调教学管理系统与外部环境，如学校教育与社会系统的关系；协调教学管理系统内部各类成员之间，各组织、各部门之间，管理过程各环节、各项工作之间等关系；协调教学系统内部课内与课外之间，教、学、管诸要素之间，教学内容、方法、手段之间，各章节教学内容之间的关系等。

（四）监督与检查的职能

1. 监督就是察看并督促

监督与检查是实施教学管理过程的重要职能，检查是对预测的科学性、决策的正确性、目标的完整性、计划方案的可行性以及实施计划的有效性的全面考评。从本质上讲，检查就是一种监督和控制，是一种信息反馈活动。通过检查既可以发现管理过程中的缺点和问题，又可以发现优点和经验，进而克服缺点，推广经验，把工作向前推进。

2. 检查职能的类型

按检查时间划分有平时检查和阶段检查。平时检查及时不使问题成堆，阶段检查则是比较集中、全面的检查。两种检查互为补充，不可缺少。按范围划分有全面检查和专题检查。全面检查是德、智、体、行政、总务诸方面，目的在于了解和掌握工作的全面情况。专题检查是有针对性地发现问题和解决问题，专题检查的内容决定于检查的目的，教学管理要专题检查和全面检查交替进行。

按检查方式划分有自上而下的检查、互相检查和个人检查。自上而下的检查是学校领导者对下属的检查，这种检查有监督、考核的作用；互相检查是学校成员之间互相进行的一种方式，如教师之间的互相听课、互相检查教案和学生作业；个人检查是学校成员的自我检查。这种检查有两种，一是按学校布置的提纲进行；二是自觉的自我回顾。个人自查是具有强烈责任感的表现。

3. 监督与检查具有双重功能

第一，监督与考核下属人员的工作，能及时对成绩突出者给予肯定，对工作平平甚至失职行为者给予纠正。

第二，检查和考核领导人员本身的管理水平，计划、措施、执行是否符合规范和要求，明确管理者的责任。

（五）评价与控制的职能

1. 评价与控制是教学管理系统最重要的功能之一

评价与控制是教学管理，特别是现代教学管理的重要职能。评价包括科学分析和价值判断，指通过教学评价和系统分析方法，判断教学效果与教学目标的差距，为决策和控制提供有用信息。控制即根据评价分析的结果，纠正计划执行中的偏差，保证教学目标的实现。

2. 教学评价和分析的主要内容

教学评价和分析的具体功能是根据教学目标和计划，运用各种科学手段，对教学过程和效果进行价值判断和系统分析，为教育教学决策和控制提供信息。包括：课程教学评价分析、课堂教学质量评价分析、教师评价分析、学生评价分析、课外活动评价分析等。

3. 教学管理的控制功能

教学管理的控制功能包括教学前馈控制、教学过程控制和教学事后控制三种类型。

（1）教学前馈控制

教学前馈控制是预防偏差的一种控制，即预先采取有效措施，使偏差得到预先控制，防患于未然。前馈控制对于教学管理是十分重要的，教学系统是以育人为目的的，教学过程的任何偏差所造成的后果都是十分严重的、不被允许的，前馈控制可以防止这种情况的发生。

（2）教学过程控制

教学过程控制也称教学现场控制，是在教学计划执行过程中的控制行为。通过对教学计划执行过程的现场观察、监督和指导，对教学过程进行评价、分析和建议，及时纠正任何不符合教学计划要求的偏差，保证教学计划的实施。

（3）教学事后控制

教学事后控制，又称教学成果控制，是建立在终结性评价分析的基础上的控制行为，即在计划基本完成之后，把实际取得的工作成果与计划目标相比较，发现仍然存在的差距，作为将来工作的借鉴。

（六）总结的职能

总结是教学管理活动一个周期的终止，预示着下一个周期的开始，起着承前启后的作用。总结是教育管理活动不可忽视的一环，它要求用科学的方法，对工作进行全面系统的总结，肯定成绩，找出缺点，总结经验教训，探索管理规律，并指出未来的努力方向。总结对于积累管理经验，提高学校管理人员的管理水平，促使教学管理科学化，提高学校的工作效率和管理效能具有十分积极的意义。教学管理过程中的总结通常在一个学期或一个学年结束时进行，一般分为全面总结和专题总结两类。做好总结工作必须遵循以下基本要求。

1. 以计划目标作为评估绩效的标准

总结是对计划执行情况进行的综合分析和评估。原定的计划目标不仅是执行和检查计划的依据和中心，还是评估工作绩效的重要标准。

2. 以检查为基础

总结是检查的后继阶段，是在检查的基础上进行的。没有有效的检查，就不可能有真正符合客观实际的总结。检查可为总结提供各种可靠的信息，如典型的事例、人员的言行表现、科学的数据材料等，但检查并不等于总结，也不能代替总结。检查是感性的，而总结是理性的，是发现原则和规律的过程。

3. 要有激励作用

回顾过去是为了推动未来，总结使组织成员进一步增强前进的信心和决心，成为前进过程中的"加油站"。一份优秀的总结报告应具有强大的激励作用，肯定的成绩能增强人们的信心，指出的不足能增强人们的责任感，从而振奋人们精神，提高教学管理水平。特别是在行使教学管理的总结职能过程中，通常要建立奖优罚懒、赏罚分明的奖罚机制，以促进教学工作朝着积极、健康的方向发展。

三、高等教育管理制度的内涵与结构分析

（一）高等教育管理制度的内涵

根据《现代汉语词典》的解释，制度一词有这样两层意思：一是要求大家共同遵守的办事规程或行动准则；二是在一定历史条件下形成的政治、经济、文化等方面的体系。

1. 高等教育管理制度

高等教育管理制度是一个多层次、多序列、多职能的完整体系，从不同的角度有不同的划分和理解。

从广义上讲，高校的教学管理制度就是在一定教育发展条件下形成的教学管理体系，是由诸多元素或部件构成的、完整的、具有特定目的和功能的整体，各个元素或部件在构成上的变化直接影响高等教育功能的发挥和高等教育目的的实现。这个整体或者系统总是随着时代和社会的变化而变化，变化可以是主动的也可以是被动的，可以是宏观方面的也可以是微观方面的。每当高等教育教学不适应时代和社会的变化时，高等教育就要通过制度上的改革与发展适应变化。高等教育管理制度本身就是在不断适应社会的需要的过程中形成和发展起来的。

从狭义上讲，高等教育管理制度就是特指在高等学校的教学过程中，为了规范教学活动和实现学校的教学目标，而制定的系统的教学管理方法。

2. 学分制与学年制

为提高高等教育的教学质量，各国的实践探索无不加强教学管理，从制度上提供保障，从世界范围来看，学分制和学年制是高等教育管理中采用的最为

广泛的两种制度。选择学分制还是学年制与国家的社会制度无关，而更多地与一个国家的社会文化和传统相联系。如美国、法国、英国、意大利、日本等国家，它们所采取的教学管理并不一样，有的实行学年制，有的实行学分制。即使在同一个国家里，在不同时期，不同大学也会采用不同方式，甚至在同一时期，不同大学也采用不同方式。

由此可见，学分制与学年制只是两种不同的教学管理制度而已。它们的共性是学生必须修习一定数量的科目才能毕业，它们的差异则是学年制注重统一性，有显著的强制特点，学分制的自由度和选择范围则比较大，有显著的弹性特点。因此，两者并无绝对的优劣之分，大学的成功与高质量和采用哪种教学管理制度也无绝对的关系，关键是大学所采用的制度是否适应学校教学管理的需要。制度是一把双刃剑，只有通过不断地完善教学管理制度，才能促进学校的发展进步。

（二）高等教育管理系统的结构分析

结构是系统中要素相互联系、相互作用的方式，是要素在系统内的秩序。由于教学管理内部复杂的联系，根据不同的需要，从不同的角度研究就有不同的层次和形式的系统结构。

从组织结构分析，目前高校的教学管理可分为教与学两个系列，各为六个层次。在教的方面，由主管校长—教务处—学院—系（部）—教研室—教师，形成一个完整的教学工作系列；在学的方面，由主管校长—教务处—学院—系（部）—年级—每个学生，组成学习系列。这两个系列既相互交融、相互影响，又有其自身的独立性。教学管理系统六个结构层次的具体构成如下。

1. 由学校主管教学工作的校长主持召开行政会议

这是学校教学管理的决策层。决策层的职责是通过调查研究，进行科学决策，实现宏观调控，校长要对整个学校的教学质量全面负责，从学校的定位、总任务、总目标出发，把提高教育教学质量、培养高级人才作为教学管理的中心任务。

2. 教务处

它是教学管理的职能部门，是在校长的领导下，对全校的教学工作进行具体计划、组织和调度的职能机构。教务处的工作主要是确定具体的学科、制定教学目标、编制教学计划、安排教学任务，对学校的教学工作进行检查和评估，对各专业的教学实行管理并对质量负责，负责全校的教务行政工作，是高等教育中十分重要的组织机构。

3. 学院

学院是近年来高等教育改革过程中产生的结构层。由相关学科、系、部组成的学院，更有利于学科交融、资源共享，同时，也便于学校教学工作的管理和开展。学院主要是根据教务处制订的宏观计划，结合本院的学科特点，组织教学工作的开展。对系、部的工作进行安排部署，对本学院的教学做具体、细致和全面的管理。

4. 系（部）

这一层次的主要任务是组织各专业教师进行教学工作的实施，经常性地组织教师进行教学研究工作，总结交流教学经验，提高教师的思想水平、业务水平和教学能力，对教师进行师德、教风和学风的建设，建立良好的教师集体，改进教学工作，提高教学质量。

5. 教研室和年级组

教研室是根据学科和专业特性组织起来的教学科研组织，它是教师的直接管理部门，对教师的教学、科研工作进行最直接的安排和管理。在高校，年级的主要工作是由辅导员进行管理的，年级的不同，教学安排、学生的思想状况以及课程的设置就不同。因此，教学要根据年级的特点和大学生的心理、思想来组织管理，实施阶段性的教学检测、年级学科竞赛、教师教学状况调查等。

6. 教师和学生个体

任课教师是教学工作的具体实施者，对本专业课程的教学质量负责，同时，还肩负着对本专业知识进行拓展和深入研究的责任，教师也要不断地研究和学习，努力提高自身素质和教学能力。

学生是接受教学的主体，每个学生要对自己的学习实行自我管理，对自己的学习进行自觉、合理地安排，选择适合自己的学习方法，对教师的教学给予支持，向教师提出合理化的建议，并与其他同学进行学业上的交流和探讨。

在以上两个系列的六个层次中，还存在着反馈系统。反馈系统是教学管理中的必要元素，为保证教学工作在各个阶段的顺利实施，学校必须建立顺畅贯通的教学信息反馈系统，以便及时了解教学过程中的实际情况，并将反馈的意见进行总结归纳，决策层和实施层根据反馈的信息对教学工作进行调整，保证教学工作正常运转，形成反馈机制，提高教学质量。

四、高等教育管理制度与教育质量的关系研究

作为继承、传播和创造知识的高等教育，在知识经济时代从社会的边缘走向了社会的中心。提高国民素质、储备科技人才，已经成为世界各国关注的焦点，把发展高等教育作为提高综合国力、增强国际竞争力的重要措施。高等教育管理制度的优劣是教育质量高低的关键所在，一个好的管理制度对学校的发展、人才的培养具有十分重要的作用。

目前，高等教育进入大众化阶段的战略决策，并采取行政措施，连续多年扩大招生规模，以迎接知识经济的挑战，增强国家的综合国力和国际竞争力，满足民众日益增长的接受高等教育的需要。在今后若干年中，高等教育还要保持比较高的发展速度，才能实现大众化的发展目标。虽然缓解了高等教育供求的矛盾，但同时也给人们带来忧虑，担心因入学"门槛"降低和规模扩大过快而导致教育质量下降。因此，教育界最突出的问题是，用什么样的教学管理制度解决通向大众化教育阶段过程中或进入大众化教育阶段后的教育质量问题。

（一）完善制度建设、提高高等教育质量

高等教育大众化的重要标志是高等教育规模逐年扩大、适龄青年的入学率逐年上升。

第一，招生规模是人为设置的，虽然进入大学的"门槛"有所降低，但高等教育规模在逐年扩大，给更多的人提供了接受高等教育的机会，国民的综合素质提升了。"门槛"高低受招生规模制约，是人为设置的，不是评价高等教育质量的决定因素。

第二，人是发展变化的，一次入学考试分数的高低，只能反映一次竞争的结果，不能代表人的素质优劣，更不能以此来推论或决定人的终身。

第三，大众化阶段的高等教育，其教育目标定位是提高整个中华民族的科学文化水平，而不是少数精英。因此，虽然"门槛"降低了，但并不能说明质量下降。大众化教育阶段过程中出现的某些质量问题，并非这一阶段所独有，而且是可以解决的。

（二）精英教育赋予高校教学，管理制度新的内涵

我国的高等教育尚处在精英教育阶段，但严格讲，它主要体现在数量即适龄青年入学率，在质量上未能反映面向"精英"的教育。进入大众化教育阶段

后，精英教育不仅不会消失，还必须加强，但高等教育管理制度需进一步完善。通过高等教育的结构调整如双优高校的设立和强化竞争与激励机制，使真正的精英流向这类高校接受精英教育。

（三）高校教育质量标准从单一走向多元

随着经济的快速发展，多元经济和多样化社会必然对高等教育提出多样化的需求，高等教育多样化是适应社会经济多元化、高等教育大众化、科技发展高速化、社会需求多样化、人的素质差异化的必然要求。高等教育只有为社会提供多层次、多类型、多形式的教育，才能满足社会对各类人才的需求和个性发展多样选择的要求。面对多样化需求的社会，高等教育必须走多样化之路，科学定位，主动寻找有利于生存和发展的空间，才能发展个性，办出特色，提高质量，经受住激烈竞争的人才市场的检验。

现在高校的教学管理制度引导高等教育适应社会，引导其追求理想学术型的办学模式和人才培养模式。多元教育质量观是有别于传统教育质量观的理念，它突破了传统的思维定式，有利于增强高校自主办学和自我调节的能力。它不仅对不同层次、不同类型的高等教育采用不同的质量评价标准，而且允许同一层次、同一类型甚至同一专业的人才培养目标也可以不同。多元教育质量观更能突出办学个性和特色，其运作更加客观贴近市场，因而有利于引导大众化阶段的各级各类高等教育在各自的层面办出特色，提高质量和水平。

（四）多样化的高等教育对素质教育有新的解释

1. 全面素质质量观的历程

20世纪90年代中期，素质教育在全国兴起，教育质量观得到广泛认同。从教育的知识质量观到能力质量观，再到包含知识、能力在内的全面素质质量观，反映了社会变革、转型时期人们对教育本质认识的深化，丰富了教育理论与教育实践知识，促进了教育质量和办学水平的提高。

但是，受传统思维定式的影响，其价值取向仍然偏向社会功能而忽视教育的个体功能的现象仍然存在，而忽视多元经济和多样化社会对人才，尤其对专门人才的多样化需求。

2. 素质教育的内涵

素质教育是针对中小学应试教育提出来的，高等教育中讲的素质教育，大体有两种倾向：要么把素质与知识、能力等并列或对立起来；要么在"全面"

上做文章，对素质进行分解，试图把学生培养成"完人"，两种倾向都有失偏颇，根源就在于对素质教育内涵的理解上。

素质教育是基于受教育者的基本素质，通过最佳途径，促进其主动在各层面全面发展的教育模式。这个概念的基本内涵是：

（1）素质教育的基础是受教育者的基本素质。

（2）人的素质存在差异，素质教育应因材施教，分类进行。

（3）它是一个过程，其效果取决于实施途径。

（4）素质教育是主动学习而不是相反。

（5）目标是适应社会，全面发展。

（6）具有理论与实践意义和可操作性。

3. 对传统培养模式进行制度创新

大众化教育阶段的高等教育资源通过优化与重组，不同层次类型的学校将进一步分化成多样化的高等教育实际，要求人们必须走出传统的培养模式，进行制度创新，将传统理想模式塑造人改变为受教育者根据自身的实际情况与现实可能，选择有利于社会价值与个体价值统一的成才模式。即使对所谓"片面"发展的"怪才""偏科生"，也不能用现在的质量标准将其拒之门外，而应采取特殊的培养模式，促进其在"片面"方向"全面发展"。这类人才的特殊性在"片面"，决不能用理想模式迫使其舍长就短成为平庸之才，更不能将其扼杀。

因此，传统意义上的因材施教将在分类培养的基础上，在更高层次上回归。教与学的角色将实现历史性的转变，教育不再是单向传授，而是导致学习的、有组织的和持续的交流。受教育者将能动地根据专长、志向和兴趣，按能级归位，选择有利于自身发展的教育形式。新的素质教育必须克服上述两种倾向，不再追求标准化的单一理想模式及其质量标准，而应建立有利于不同层次、类型的人才发展的多样化的因材施教、分类培养、教学互动的弹性模式及其教育质量标准。

4. 建立正确的教育质量观

教育质量观属于教育哲学范畴，它是一个发展的概念，准确把握其内涵和外延，需要在教育实践中不断进行理论探索和实践总结。高等教育大众化必须是数量与质量的统一，关键是要建之正确的教育质量观。怎样发挥其正面导向作用，克服其负面导向作用，促进高等教育的规模、结构、质量、效益的协调发展，是我们必须解决的重大课题。

第二节 我国高等教育管理体制的问题

一、教学管理组织的权力性存在倾向性

教学管理组织本身是为实现学校的教育、教学目标而形成的结构优化、精干高效的管理系统，这个系统将学校中众多的教学要素进行有机地组合和动态的管理。在我国的高等教育管理中，教学管理组织的权力存在倾向性。在教学管理中，如果过分地强调组织的权力，教师会有消极的情绪，学生会产生逆反心理，教学的质量不但不会提高，在管理中还会出现被动的局面。

高校进行教学管理的目的是提高教学水平，培养优秀人才，要达到这个目的，拥有合格的、积极主动工作的教师和自觉学习的学生才是关键。教学管理组织应合理地运用手中的权力，充分发扬民主，采用合作化的管理手段，充分调动行政人员、专业人员、教师、学生以及校外人士的积极性和参与性，才能有利于教学工作的开展。

二、教学管理组织的运作模式相对单一

模式是再现现实的理论性的简化形式。目前，在我国高校管理中，一般都采用的是等级制的管理模式，即从校长到学生，一级抓一级的方式。至于学生的表现如何，校长的管理能力怎样，这中间受到太多因素的干扰。教学管理中，应该以一种适合本校发展的模式为主、其他管理模式为辅的共同管理模式。

（一）问题解决模式

该模式是由第一线的教师为解决教育实际问题而创设和实施的。其理论基础是实用主义哲学和自由市场理论。这种模式的主要特征就是根据教学管理过程中出现的实际问题，进行诊断和鉴别，认真剖析内、外因素，自觉、自主地解决新问题，遵循问题—解决—新问题—再解决的程序向前发展。

（二）研究—发展—推广模式

该模式的理论基础是理性主义和权威主义，它主张，任何管理都是一个研究—发展—推广的过程。教学管理者要根据实际进行研究，将成果以适当的形

式、在适当的阶段推行,即使某些管理的改变会遭到排斥,但是最终会得到推广,并在推广中受益。

(三)管理互动模式

该模式的理论基础是社会合作主义和人际关系理论,其精神实质是合作与沟通。在教学管理中,人与人之间相互影响,个人的行为受到制约,但通过宣传、交流和互换角色的方式,可以解决一些难以解决的问题。例如,学生代表与校长面对面交流、行政人员与教师进行交流、教师与学生进行合作管理等。

教学管理的模式多种多样,各校应在多年的管理实践中选择适合本校校情的模式,更应该不断地研究探讨新的模式,适应高校的发展和社会的需要。

三、教学管理方法较为陈旧

高等教育管理的方法就是实现教学目标、完成教学任务的基本手段。掌握并运用有效的基本方法,对于提高管理绩效具有十分重要的意义。教育要创新、科技要创新、人才培养要创新,教学管理的方法也同样要创新,不能总是采用一种陈年旧法。学校的教学管理本身具有权威性、强制性和垂直性等特点,如果在管理方法上不注意,难免会造成错误,伤害教师和学生的感情。在科学教育快速发展的今天,要想在管理上出成绩、出效益,就得选择适当的方法,有效地组合方法,从而达到事半功倍的效果。

(一)要在适当的范围选择适当的方法

任何方法都不是万能的,都有一定的适用范围。如果教学管理的方法运用不当,就会产生明显的局限性。比如,在对教师的管理中,如果过于强调上级的权威和集中统一,则不利于下级和群众主观能动性和创造性的发挥,管理的适应性和灵活性受到限制,横向联系容易被忽视,影响各部门间的沟通与协调等。因此,教学管理的方法不能单一,要在适当的范围选择适当的方法。

(二)要在正确态度的指导下运用方法

作为高校的教学管理者,首先,要正确认识和对待管理权力,注意提高自身的素质水平保证管理要求的合理性和正确性。其次,要分析管理方法的可行性,保证实施的效果节制有度,既能令行禁止,又能调动下属的工作积极性。最后,教学管理者要根据不同时期、不同条件、不同环境和教学工作的特点,把行政方法界定在必要和可行之内,使其更加符合教学管理工作的需要。

（三）教学管理方法在学校管理工作中发挥着十分重要的作用

正确的方法可以解决教学中产生的问题，提高学校的教学质量和办学效益，错误的方法则会导致问题的产生，给学校的工作造成负面影响。在教学管理工作中，一方面，管理者应不断提高自身的科学化程度，根据具体情况有针对性地灵活选择各种管理方法；另一方面，要注意与其他管理方法的配合，使教学管理方法发挥出更大的实际效果。

四、教学管理的目标具有局限性

教学管理的目标是由教育的功能决定的。我国目前高等教育管理的目标偏重层次的划一与外显的局限。这样的目标会低估教学过程中出现的各种复杂现象，单凭借外显的行为特征而掩盖了教学管理的深刻性。具体表现在三个方面。

第一，教学管理的对象是发展中的人，学生在获取知识、技能与能力的程度不是统一确定的，他们在生理、心理以及社会化等诸多方面的成长速度不尽相同。因此，如果将教学管理的目标整齐划一，很容易忽视学生个性特长的发展。

第二，外显的行为目标一般不能准确揭示出全部活动的内隐因素。如果制定教学目标仅从知识内容出发，离开了教与学的具体行为，离开了教师和学生的基础水平，那么，必将产生各种各样的问题。因此，教学管理目标应全面、合理并且具有个性化的导向功能。

第三，目前，影响学校教学管理的因素呈现出越来越大的随机性，这就要求学校能随时随机地根据实际形势的变化，迅速调整相关的管理对策，如果教学管理的目标局限于某一方面，在适应环境变化方面就表现为僵化有余、弹性不足，不能很好地适应形势的发展。

鉴于上述分析，不难看出在制定教学管理目标时，应强化其正面效益，减少负面影响，发挥目标管理的效应，促进教学管理工作的开展。应从以下几个方面入手。

（一）科学分析，准确定位

教学管理要做到激励性与可行性的统一，这就要求管理者在科学分析校情的基础上，抓住学校急需解决的问题，形成既体现本校教学工作自身特点，又符合实际的管理目标。

（二）近期需要与长远利益相结合

针对教学管理目标中容易出现"短期化"的倾向，在制定目标时，必须将学校教学发展的蓝图与中、短期目标统一协调起来。要确定哪些是近期努力可以达到的目标，哪些是经过不间断的努力可以实现的目标。当近期发展目标与长期发展目标相冲突时，一定要协调好两者的关系，不能因一时得失而毁掉长远发展前程。

（三）畅通信息渠道，加强监督反馈

教学管理目标是学校教学工作的行为导向，管理者必须建立立体、交叉、多维的信息网络，密切关注学校教学活动的运行状态是否与确立的目标体系相符合。一旦出现问题，管理者应迅速了解情况，并组织相关部门"会诊"，找对问题症结，形成有效对策，并通过信息反馈渠道对不恰当的管理行为做出修正，确保教学管理工作与目标不出现偏差。

五、教学管理的评估体系不健全

教学质量评估是教学管理中的一项重要改革，它不仅使教学管理部门对课堂教学起到监控作用，而且能够最大限度地调动教师的教学积极性，从而达到提高教学质量的目的。随着高校管理体制改革的不断深化，教学质量评估体系还有待于进一步健全和完善。在当前教学质量评估中主要存在以下问题。

（一）评估的认识存在偏差

当前，教育评估主要是由上级教育行政部门组织，采取他人评估、行政评估等方式进行，评估的目的表现为分等评优，从而起到选拔、鉴定、评比的作用，充分体现了教育评估的总结性功能。然而，为改进工作和决策服务的形成性功能发挥得不够充分，这种评估与过去上级对下级的工作检查并无本质的区别。被评估者对评估活动没有积极的参与意识，甚至对评估有抵制和厌倦情绪。

如有人认为，评估只是摆形式，走过场，对学校的具体工作开展并无实质性的促进作用。还有人认为，评估是一种"扰民"行为，干扰了学校正常的工作秩序，不仅无益，反而有害。这些看法固然有偏颇之处，但究其原因与开展的评估方式、方法不当有关。评估的目的不只是在于分出等级，更在于改进工作。如果评估者对此没有深刻的认识，简单地把评估作为分出优劣高下的工具，必然会造成误导和误解。

（二）评估功能和模式单一

评估具有导向、改进、鉴定、激励、管理、研究等多种功能，但目前的评估尚不能充分发挥这些功能，只有鉴定功能、管理功能在评估中表现得较为明显。评估模式基本采用泰勒的目标行为模式，或者说目标到达度模式，这种模式在我国是伴随着加强教育行政管理和督导工作发展起来的，是由领导部门组织的行政评估和他人评估。而专家评估、社会评估、自我评估的成分很少，势必影响教育评估的全面性和被评对象的积极性。

（三）评估的技术水平不高

评估的可信度和效率在很大程度上依赖于对评估手段技术的准确把握和恰当运用。教育评估涉及多种评估技术和评估工具的运用，不同的技术和工具有不同的作用。目前，在高校教学评估中使用的最为广泛的是量化的技术，但一部分评估人员对如何编制量化表、如何保证可信度和效率等缺乏应有的知识和能力，致使量化方法这一重要的教育评估技术出现偏差，导致出现"盲目量化"的现象，似乎教育的一切方面都可量化，而一切量化又都是有价值的。

（四）对教育评估缺乏再评估

评估标准是否合理，评估方案是否科学，信息搜集是否全面，信息处理是否得当，评估结果是否客观，评估结论是否公正，这些问题都有待于对教学评估进行再评估以后的回答。没有再评估，对教育评估就失去了检查和监督的意义，就很难保证各个环节的合理无误，很难使教学评估活动具有自我认识、自我批评、自我提高的能力。当前，教学评估中出现的许多问题都与缺乏再评估紧密相关。

第三节　我国高等教育管理体制改革路径

面对创新人才培养对教学管理体制的要求，本节将对高等教育管理体制创新的研究展开论述。笔者认为，针对高校的具体情况，教学管理体制创新可采取的对策是：更新教学管理观念，突出"以人为本，以生为先"的管理思想；建立以学院制为主体的教学管理体制；健全学分制管理制度；构建高校教师培训体系；协调教学与科研的关系。总结高校建立的教学改革实验班教学管理体制的创新之处，并鉴于其具有实验性而不具备普遍性的特殊情况。应该在教学改革实验班成功的基础上,高等教育管理体制将继续从学分制教学管理制度和"以学生为中心"的教学管理模式两方面进行改革。

一、高等教育管理体制创新的对策探讨

(一)突出"以人为本,以生为先"的教学管理思想

人类社会的每一次重大变革,总是以思想的进步和观念的更新为先导。观念是外部世界的主观反映,外部世界是不断变化的,观念也随之不断地发生变革。教学改革的进程同样离不开思想的不断解放和观念的不断更新。在高校培养专门人才、发展科学、直接为社会服务的三项基本职能中,人才培养始终是最基本、最重要的职能。教学管理的主体应是学生,教学管理工作应本着"一切为了学生,为了一切学生,为了学生的一切"的原则进行,突出"以人为本,以生为先"的教学管理思想。

1. 确立尊重学生自主权的教学管理思想

尊重学生知情权、选择权、参与权等自主权,目的是为学生自主学习、自我管理、自由发展提供必备条件,从而培养学生具备自我构建智能结构的能力,使其成为具有创新精神和创新能力的人才。

(1)赋予学生知情权

学生有权了解学校的教学计划、培养方案、各项规章制度、开设课程、课程安排、教师资历、教育培养经费的使用情况及其他与学习、生活有关的情况。学校赋予学生知情权,可从学校、院(系)和学生三方面进行。

第一,借助网络公开校务。学校将与学生利益相关的内容挂在校园网上,使每个学生都能了解学校的政策与具体规章制度。

第二,教学秘书、班主任或学生干部及时、准确地通知院(系)事务。院(系)通知的事情一般与学生的利益有较直接的关系,如申请奖学金、评选优秀学生、参与学术活动等。

第三,学生主动向老师了解自己关心的事情。学生对于自己想了解的事情应积极主动地询问教师或院(系)教学秘书,自己采取主动。

(2)交还学生选择权

学生自主选择的权限包括选择专业、选修课程、选择授课教师、学习模式以及学习年限等权力。为保证学生选择权顺利实施,可以从学校、教师、学生

三个角度进行。

第一，从学校角度讲，要进一步完善选课制和导师制，从制度上保障学生在选择专业、课程、教师及学习年限上的自主性。

第二，从教师角度讲，要不断提高教师的业务水平，开出数量多、质量高的选修课，以供学生有选择的余地。

第三，从学生角度讲，选择课程要根据自己的特长、兴趣做出合理的选择，不要盲目地选择容易获取学分的课程。另外，课程选择权还应赋予学生在规定时间内改选课程的自由。

（3）给予学生参与权

学生参与学校的教育教学活动使他们有机会学习民主和运用民主，对培养他们形成主人意识、自主自立能力有很大益处。参与权可以分为教学管理参与和教学过程参与。教学管理参与可派学生代表参与校级或院（系）级的教学事务管理，参与教学计划的制订，参与教师的教学评价，参与信息收集与反馈等。学生参与管理，增强了学习知识和运用知识的主动性和自觉性，培养了学生的实践能力和动手能力。

教学过程参与，一方面指学生应在课堂上主动参与教师教学，与教师进行互动，而不是把自己作为装盛知识的"容器"；另一方面指学生有权参与教师的选择，参与自己的专业课程设置，实行个性化培养。教学过程参与将以往在教学过程中对学生进行的统一管理转变为个体参与，以培养学生的主体意识和激发其主观能动性。

"以人为本，以生为先"的教学管理思想要求充分调动学生的主动性与积极性，但并不意味着毫无规范与限制。因此，学校在建立完善的制度体系以保障学生知情权、选择权、参与权的同时，还应考虑给予这些权力一定的权限，确保学生正确使用知情权、选择权和参与权。

2. 树立个性教育的观念

据一项有关大学生创造性人才观的调查结果表明，影响创新人才的十项因素中，独立性被大学生认为是最重要的。独立性又由有个性、有创新意识、敢于怀疑权威、有主见不盲从、有预见性和超前意识几项因素构成。可见，一个创造者的成功与否，往往与他的个性有内在联系。终身教育理论的创始人、法国著名教育家保尔·朗格朗指出，"教育工作者再也不应该是多少有些天才的知识传授者，而是培养个性的专家。"为了充分发展学生的个性，挖掘其创造潜力，高校应转变教育思想，树立个性教育的观念。个性教育就是在教育教学过程中，教育者尊重受教育者的个体差异、突出其主体地位，促进个性自主和谐发展。实施个性教育可通过尊重学生个体差异、突出学生主体地位以及建立新型师生关系这三条途径实施。

（1）尊重学生个体差异

尊重学生的个体差异，一方面，要承认人无全才，但人人有才，教师和教学管理人员在教育教学过程中要充分考虑学生的生活、经济、文化等背景的差异，按照马克思主义具体问题具体分析的方法做到因材施教，使学生人人成才。

另一方面要理解学生的奇思怪想和标新立异。学校应有宽松的环境让学生自由发表言论、阐述思想、探索新知。学校对个别学生的特立独行、标新立异等行为应给予理解、尊重和保护。苏霍姆林斯基说："只有承认这种个性差异，才有利于对每一个学生进行教育，才有利于发展学生的自尊心。"学生的个性在教育中能否得到发展，将影响学生今后是否具有自觉思考、独立判断、敢于质疑、主动探究、勇于探新、善于探索、积极参与、勤于实践的创新精神与创新能力。

（2）突出学生主体地位

突出学生的主体地位，发展学生的个性与主动性，可以克服学生思维中存在的从众定势。学生的主体地位可通过增强其主体意识和发展其自我意识两方面进行。

一方面，在教育过程中，教师通过增强学生的主体意识，培养和提高学生在教育中的能动性、创造性、自主性，使他们成为具有自我教育、自我管理和自我发展的主体。

另一方面，发展学生的自我意识。教师在教学中，引导学生正确地认识自己、评价自己，鼓励学生大胆地提出自己的看法，而不受教师所谓的标准答案的制约。

（3）建立新型师生关系

新型师生关系指以学生为主体，教师为主导的师生关系，即学生在教学活动中将有更大的主动性和自主性。建立这种师生关系需要做到以下两点。

一要树立新的学生观，就是要承认学生是一个不断自我发展、自我完善的独立的人。教师要改变因学生的所思所想或所作所为与自己的想法或要求不一致，而对该生给予否定评价的做法，正确看待学生各自不同的思维方式和行为特点，正确对待他们在成长中存在的问题和错误。

二要加快教师自身角色的转换。教师要以人格魅力吸引学生、渊博知识感召学生，通过不断完善自己得到学生的爱戴。杨福家曾说："教师要做学生头脑里火种的点火者，而不是灭火者。"因而，教师应努力改变师生之间原有的"权威—服从"式关系，克服学生思维中"唯师""唯上"的权威定势，将学生视为独立的个体，尊重其独特个性，最终形成相互激励、教学相长的师生关系。

高校只有按照"以人为本，以生为先"的教学管理思想，尊重学生的自主权和树立个性教育观念，才能为学生创造个性的发展提供足够的空间，才能充分挖掘学生的潜力，才能培养出具有创新精神和创新能力的人才。

（二）建立以学院制为主体的教学管理体制

建立以学院制为主体的教学管理体制，首先要根据学校学科专业发展的实际及其要求设置学院。设置学院后，注意校、院（系）两级管理体制在职、责、权的划分、院（系）管理自主权的扩大，以及学校对院（系）教学管理的重视三个方面的问题。

1. 明晰校、院（系）两级职责权的划分

我国高校的学院要建设成为大学的人才培养、学科建设、科学研究和管理指挥中心，校、院（系）两级必须遵循职、责、权相统一的原则。职、权、责三者应结合成一体，克服那种"有职无权""有责无权"，或"有权无责""有职无责"等不利于提高工作效率的状态。

大学的校级领导和各职能部门必须从以往包揽各种日常管理事务的状态中解放出来，改原先的过程管理为目标管理，减少对教学、科研等具体工作的干预。校级决策部门实行目标管理的基本方法是，根据一定时期内教育事业的发展方向，确定学校的办学方向和发展总目标，然后将总目标向院（系）执行机构层层分解，逐级展开，通过上下协调制定各层次的具体分目标，以学校的总目标指导分目标，用分目标检查各部门和所有个人的工作。

作为决策层，校级管理部门的主要职责是：根据党的方针、政策，正确把握学校的办学方向，明确未来发展的目标和重点；规划与设计人才培养方案、制定教学管理与学籍管理制度、评估专业和课程建设、建立教学质量保障及监控体系；保障重点实验室、图书馆和网络中心等共享资源的建设与管理；超越学院层次组建跨学科的科研中心与重大科研项目组，加强更大范围学科间的横向交叉综合等。需要注意的是，校级管理部门对重大问题做出决策之前，应充分发扬民主，广泛征求学者、教授的意见，充分发挥学术委员会、教学委员会等各个委员会在决策中的作用。

院（系）根据学校的总体发展方向和各项工作部署，制定该院（系）的中长期发展方向和目标，规划、协调各学科的建设，统筹调配院（系）的人、财、物，各种资源得以综合利用。同时，学院不能仅局限于校内，要走出校门，走向市场。根据社会的发展需要，妥善处理好学院与社会、学院与企业的关系，动员和利用院（系）的资源与相关产业进行广泛的联系。院（系）级的职、责、权包括：兼有承担基层行政管理和从事教学科研活动的双重职责；拥有教学、研发、机构设置、人事调配、奖金分配等方面的权责；负责管理、监督下届系部的各项教学、科研工作。

2. 扩大院（系）管理自主权

校、院（系）两级教学管理体制要做到职、责、权一致，院（系）所拥有的职责和权力必须相称。鉴于我国高校决策权集中在校级，院（系）级有责无权的现实情况，学校应将教学管理的权力适当下移，如培养方案的制定与实施、专业的设置与调整、教学经费的管理与使用、组织人事管理、自主配置资源、内部机构设置、实践实验基地管理、对外合作交流等，以扩大院（系）管理自主权，提高管理效率和办学效益，更好地履行大学为社会培养人才的职责。

由于我国在建立学院制之前，实行的是校、系、室三级管理体制，而管理权主要集中在校级部门，系和室只有较少的权力，因此，扩大院（系）管理自主权的主要途径是校级部门授权，其次是系、室级授权。从行政管理学角度来看，授权通常体现在以下两种层次。

一是决策层次的授权，即把一部分决策权授予下级行政机关或职能机构。

二是执行层次的授权，即允许下级行政机关或职能机构在一定范围内自主完成工作。如果学校从执行层次上授权，学院则成为虚体学院；如果从决策层次上授权，学院则是实体性的。随着教学改革的逐步深入，虚体学院向实体学院呈演变的趋势。虚体学院要向实体学院转变，校级部门对其授予决策层次的权力是转变的有效途径。

校级职能部门在下放权力时，应做到学术权力下移为主，行政权力下移为辅，以突出学院的学术功能。学校将属于学术范围的权力下移到院（系）层次，如设置专业与课程、申报科研项目、管理学生、聘任教师的权力等；将一定的资源分配权、机构设置权以及人事权等属于行政范围的权力下移到院（系）一级。与此同时，校级职能部门以实施计划、监督、调控服务为主，领导和监控学院的工作。

扩大学院的管理自主权在一定程度上改变了决策权集中在校级部门的现象，为分层决策的实现提供了条件。实行学院制，关键就是管理权力必须真正下放到学院，否则学院制起不到应有的作用。

3.落实教学管理在院（系）中的核心地位

学校重视院（系）的教学管理工作，可从保障教学经费有效投入、开展教学管理的研究以及提高教学管理人员素质三方面着手。

（1）保证教学经费的投入

对于院（系）对外科技服务和短训班的收入，学校按总收入的一定比例上缴，剩余的留给院（系）做教学经费。对于急需项目的教学经费，学校每年给予专项保证。

（2）开展教学管理的研究

对教育教学管理知识贫乏的教学管理干部，学校对其进行相关培训，增加相关专业知识。教学管理干部将日常工作中积累的经验与实践相结合，使其经验得到升华，为其他教学管理人员的工作提供理论基础和实践经验。

（3）提高管理人员的素质

为了提高教学管理人员的素质，学校和院（系）领导要支持他们积极参加各种业务培训，学习教育科学理论，掌握管理专业知识，掌握现代技术手段。在条件允许的情况下，在招聘教学管理人员时就将是否具有教育科学理论、掌握管理知识和现代技术手段作为考核条件，把好入门关。

从全面直接管理到两级教学管理，是教学管理模式的重大转变。在改革的过程中，校、院（系）两级应理顺关系、明晰职责权的划分，校级职能部门应下放适当的权力给学院，确保教学管理在院（系）诸多管理中的核心地位。只有这样，院（系）才可能在学校的大政方针指导下，建设成为培养创新人才的中心，从而为创新人才的培养提供良好的环境。

（三）健全学分制教学管理制度

高校可以从选课制、导师制、弹性学制和三学期制四个方面健全学分制教学管理制度，并发挥学生的自主性、尊重学生的差异性、调动学生的积极性以及培养学生的全面性，最终帮助学生养成良好的思维习惯、构建合理的知识结构。

1. 完善选课制，发挥学生的自主性

选课制是学分制的基础。选课制允许学生在学校规定的范围内自由选择专业方向，选择课程，选择教师，选择上课时间和自主安排学习进程。如何设置选修课程、如何安排选修课的比例、学生能有多大的选课自主权等，已成为研讨学分制问题的焦点。因此，选课制主要从增加选修课数量、提高选修课质量、加强选课的管理和指导三个方面进行完善，不仅为学生提供大量高质量的选修课程，而且为培养具有创造性才能的学生奠定坚实的知识基础。

2. 完善导师制，尊重学生的差异性

导师制是成功实施学分制的关键。实行导师制的目标就是发展学生个性，通过为学生制定个性发展策略，跟踪学术需求，从而提高学生学习的积极性和持久性，达到提高教学质量的目的。根据师资力量制约学分制顺利实施的原因分析，目前我国高校在推广导师制方面还有待加强，可从组织、思想以及数量三方面展开工作。

（1）建立指导教师委员会

为了方便导师工作的组织和管理，学校应建立指导教师委员会，各院（系）则建立指导教师工作组。委员会由各工作组负责人和学校相关职能部门负责人组成，主要负责召开会议、听取汇报、解决问题、布置工作。工作组的主要任务是选聘导师、明确职责、制订工作计划、定期反馈信息、交流工作经验以及期末评估。导师受聘期间指导学生的工作要计算工作量，并与其年度考核及酬金分配挂钩；工作业绩要记入教学档案，作为提职晋级的依据。

（2）扭转部分教师认为本科教学管理并非自身责任的观念

一要加强认识实施学分制的重要性，了解实行导师制的必要性，从思想上重视、行为上配合导师制的顺利推行。

二要认识到教学和科研之间是相辅相成的关系。教学、培养人才是高校的基本任务；科研是提高教师水平、教学质量以及办学水平的关键。教学与科研的结合是培养创新型人才的需要。导师除了担负一定量的教学和科研任务外，还要了解学生的学习情况、选课情况、成绩情况，解决学生在学习方法、专业知识等方面的问题。同时，导师要通过言传身教和人格魅力，对学生进行潜移默化的思想教育。

（3）实行班级导师制

与导师一对一的交流能促进学生的有效学习，但是，鉴于我国高校教师的数量有限，且学生数量众多，难以实行真正意义上的导师制。针对这种现象，高校可实行班主任与导师相结合的班级导师制。这里所指的导师制是指为本科生配备导师，所以师生比例可稍微高一点，如1∶18。班级导师制是指1位导师带3位年轻教师（助教）或3位高年级的研究生（硕士或博士），由这3位教师或研究生分别带6位本科生。本科生平时的学习状况由这3位教师或研究生定期向导师汇报，并把反馈信息传达给本科生。当然，这种方法很难达到导师直接指导学生的效果，但针对学生数高于教师数的现象来说，不失为一种好的解决办法。

通过实行导师制，可以培养学生的独立思考能力，不仅有助于学生的学业，而且有助于通过迁移培养学生的其他能力。

3. 实行弹性学制，调动学生的积极性

弹性学制是以学分制为基础的教学管理制度，只要修满了学校规定的学分，允许学生提前毕业，也允许家庭经济困难或有志创业的学生中途停学工作或创业，从而延长学习年限。为此，高校应建立灵活的弹性学制，以改变现行学籍管理制度对学分制的影响，从而调动学生的学习积极性。

弹性学制的建立，给学生自主确定学习进程以极大的自由度，具体可从三个方面进行。

（1）打破专业壁垒

这里所指打破的壁垒，一是转专业难，二是不同专业互认学分难。

对于转专业难的现象，高校的各院系可以建立转专业指导小组和评估小组，分别负责为学生提供咨询服务、接受转专业申请并对其考核、评估以决定该生是否适合转专业。转专业只能在学校教学资源允许的情况下进行，不可能完全放开。对于不同专业学分互认的情况，高校可以打通主、辅修界限。

对于学有余力，在规定学制范围内选择辅修专业的学生，如果未能达到该专业的全部要求，但已修合格的课程应可作为其主修专业的选修课学分。打破专业壁垒不仅能弥补专业设置过窄、专业选择过死的弊端，而且能满足学生的学习兴趣，激发其学习积极性。

（2）模糊学习年限

在学年制下，假设所有的学生都处于同一起跑线、都具有同样的学习能力，在同样的时间内完成同样的学业。这种做法违背了因材施教的原则，高校应使学习年限具有灵活性，任学生自己自由选择。

第一，允许学生延长学习年限。学生可在规定的学习年限内完成学业，也可延长学习年限，通常在1.5倍或2倍于学制的时间内完成。

第二，允许学生分阶段完成学习，可以边工作边读书，也可以先工作后读书。例如，某大学在教学过程中推出了"让路"原则和"三明治"模式，前者指如遇有意义的社会实践活动与教学相冲突，可适当地暂缓教学，实践活动先行；后者指两个学期或学年之间夹一个学期或学年的社会实践。真正为加强学生实践能力提供了平台和保障。

第三，允许学生申请休学或停学，并对此不做过多限制。

（3）改革学位制度

一要改变提前毕业不能提前授予学位的现象。学生修满学分，获准毕业的同时，就可以获得毕业证书与学位证书，否则，提前毕业就无任何实质意义。

二要取消离校后不授予学位的限制。对于在校学习期间未修满学分持肄业证或结业证的学生，允许其回学校继续重修不及格课程的学分，修满学分立即颁发学历证书，符合学位条件的可同时颁发学位证书。这样，学习的弹性可以从在校期间扩展到离校以后。

虽然这种创新加大了管理人员的工作量，但为学生带来了方便，使其在校期间能充分发挥主动性、积极性和创造性，体现了教学管理以生为本的原则。

4. 实行三学期制，培养学生的全面性

高等教育的改革和发展随着社会的进步逐渐推进。为增强学期制对学分制的适应性，高校可将原来的两学期制变为三学期制，以解决选修课与必修课、理论课与实践课之间的矛盾。高校实行三学期制需要解决三学期的学期划分和夏季学期的课程设置、夏季学期的师资安排以及学校教学与后勤管理等方面的问题。

（1）三学期制的学期划分

三学期制指一学年包括春、夏、秋3个学期，其中夏季学期是在原来的春、秋两学期各缩短两周的基础上增加的。秋季学期一般9月中旬开学，春节前半个月结束；春季学期通常在春节后10天左右开学，6月中下旬结束；经过一周的休息后进入为时8至9周的夏季学期。在推行三学期制的过程中，要突出夏季学期的特色，而不能将其作为学期的续延。

（2）夏季学期的课程设置

夏季学期的课程分为4个部分，学生可以根据各自的需要选择不同内容。

第一部分，开设选修课。夏季学期开设的选修课应遵循课时短、内容新、难度适宜的原则，学生则应遵守选课要求。在夏季学期内，学生可以自由选择修读的课程。开课 3 天内为学生的试听阶段，试听后要确定选课方向。所选课程一旦确定，就必须修满该类课程所规定的学分。夏季学期的成绩纳入学籍管理，达不到规定学分者，不能如期毕业。

第二部分，设置实践性强的课程。利用夏季学期相对集中的学习时间，安排不易分散教学的实验课程与实习、组织学生进行社会实践，培养学生的实践能力。

第三部分，安排学术专题与讲座。充分利用夏季学期聘请国内外专家、学者进行学术报告或专题讲座。

第四部分，开展外语活动。加强外语的应用能力，以适应双语教学和日后就业的需要。

除了以上课程外，对于具有科研能力的学生，还可利用夏季学期集中参与教师的科学研究，以培养科研能力和创新能力。

（3）夏季学期的师资安排

一方面，可合理安排校内资源。实行三学期制后，随着春、秋两学期的学时缩短，教师讲授课程的内容也相应地有所精简，也就减少了原有的课时。教师为保证完成规定的教学工作量，必将主动开设适应社会需要、学科发展需要和学生需要的新课程。

另一方面，充分利用校外资源。聘请国内外知名学者来校讲座或开设短期课程，丰富课程内容，拓宽学生视野，同时，增加本校教师进行高层次学术交流的机会。

（四）构建高校教师培训体系

高校教师培训是指我国各类高校中进行的师资教育。通过培训教育提高师资水平，不仅能切实保证教师的教学质量，而且能保证培养学生的质量。随着教育改革的不断深化，虽然我国高校教师培训工作取得了重大进展，但在培训过程中仍然存在一些问题。

教师培训过程中出现的问题表现在三个方面。

1. 注重业务培训，忽视师德培养

无论学校组织培训，或教师参加培训，其功利性均较强，培训内容多倾向于为提升学切、评审职称、出国进修做准备，不够重视师德培养。即使高校进行师德培训，也只是短短几天的《教师职业道德修养》课堂讲授，不足以全面提高教师的职业道德修养和思想政治素质。

2. 注重学历培训，忽视非学历培训

教师培训过于关注教师更高学历的获取，而忽略教师综合素质的培养。

3. 注重培训过程，缺乏培训考核

高校教师培训工作注重过程，对教师培训的整体绩效缺乏检查、监督、评估机制，难以达到教师培训的预期效果，影响教师教学水平和教学能力的提高。这些问题使教师培训失去了原本要提高教师思想素质、教学水平以及综合能力的意义，使创新人才的培养受到阻碍。

高等学校师资培训工作要坚持立足国内、在职为主、加强实践、形式多样、以中青年教师为主、以高层次培训为重点的原则，加强师德教育，提高教学和科研能力，推动学校发展。构建教师培训体系包括培训对象、培训形式、培训内容、培训考核与评估以及培训经费等内容。

（五）协调教学与科研的关系

协调处于失衡状态的教学与科研之间的关系，就要明确学校的定位，调节教师的心态，建立公平而有效的评价机制以及促进教学与科研的相互转化。

1. 明确学校的定位

如果将大学分为研究型大学、教学研究型大学以及教学型大学三类，各类学校的侧重点肯定不同。研究型大学虽然较其他大学更多地从事与国家长远利益相关的基础科学研究以及国家重大科研项目的研究，但同样要重视教学，给教学效果良好的教师以应有的学术尊重。

2. 调节教师的心态

（1）从外部进行调节

学校要提高对教学的认可程度，与科研型教师相比，教学型教师也应获得相同的尊重和享有同等的地位，树立教学水平也是学术水平的观念，建立公平有效的评价标准等。

（2）从内部进行调节

高校教师应加强自身的道德修养，以正确的道德规范看待现实的利益关系，处理好教学和科研之间的利益矛盾，在工作中协调教学与科研的关系，使之平衡发展。

3. 建立公平而有效的评价机制

如果将教学水平视为学术水平中的一种，就必须有衡量教学水平和教学效果的科学方法。依据学校的办学特点，权衡教学与科研在教师评价中的比例，同时参考教师的教学工作量、教学水平与效果、创造性思维、和谐发展的人格，从教育价值、学术价值、社会价值等方面综合考虑，建立科学的评价指标体系。评价指标体系包括评价主体、评价方式、评价内容以及评价标准四个方面。

4. 促进教学与科研的相互转化

由于学校既不是企业也不是科研院所，因此，在大学里从事科研工作应该与培养学生联系起来，不能脱离教育学生这个"本"而从事科研活动。联系科研与学生的纽带就是科研与教学的相互转化。

科研成果对教学的转化可以通过以下方式体现。

（1）教授和学科带头人为本科生上课、举办讲座。

（2）教师上课不仅传授已有的学科知识，而且应把最前沿的学科动态介绍给学生。

（3）教师将科研成果编进教材、带入课堂、带进本科教学实验室。

（4）教师采取研究型教学，加强师生互动，让学生主动参与获取知识的过程。

（5）吸收高年级本科生参与科研，培养其科学精神和创新能力。

（6）积极开展大学生课外科技活动，加强对学生的创造性实践与训练。

教学向科研的转化则通过科研项目来源于教学的方式表现，即教师在教学和教学实验的过程中发现新的科研方向；在指导学生毕业设计、毕业论文或实践科目的过程中得到攻克难题的启示；研究新的教学方法满足教学改革的需求。诚如雅斯贝尔斯所说："只有自己从事研究的人才有东西教别人，而一般教书匠只能传授僵硬的东西。"大学教师，特别是高水平教师，要尽量多传授自己的"原创作品"，即科研成果，教师的科研成果越多，教学内容就越丰富。协调好教学与科研之间的关系，不仅有利于教师教学与科研水平的提高，而且有利于创新人才思维能力、科研能力以及创造能力的培养。

二、高等教育管理体制创新的实验研究

面对社会对人才不断提出的高要求，高等教育面临着前所未有的挑战。高校从各方面进行着日益广泛和深刻的变革，建立教学改革实验班（以下简称教改实验班）就是其中之一。

（一）教改实验班教学管理体制的创新

尽管各高校教改实验班在办班形式、培养模式、管理方式上有所不同，但其培养目标却是相似的。各实验班的培养目标可综述为，培养拥有坚实基础、富有创新精神和实践能力、具有国际竞争力的高素质复合型人才。为了完成这一目标，各教改实验班在教学管理体制上进行了如下创新。

1. 教学管理思想创新

十年制高等教育是指将本科教育和研究生教育融为一体，在本科教育阶段仍然以基础教育为主，至研究生教育阶段再进行专业教育。十年制高等教育理念是一种新思想，但由于各高校的实际情况存在差异，该思想并不适用于所有教改实验班，具有一定的特殊性。

2. 教学管理方式创新

在教学管理方面，教改实验班有别于其他普通班级，它采取了分段式教学管理。这种方式将整个教学计划分成基础教育和专业教育两个阶段。在基础教育阶段，即入学后的第一、二年，学生不再像以往那样先分专业，而是按大类学习规定的课程，共同接受基础教育。在第三、四年进行的专业教育阶段，实验班学生按所在专业的培养计划接受专业知识的教育，并可在学有余力的情况下，提前参与科学研究。

3. 教学管理制度创新

设有教改实验班的高校在这块"试验田"里完全实施学分制。以元培计划实验班为例，该班实行的是在教学计划和导师指导下以自由选课为基础的学分制。实验班学生在进校后第二年配备导师，导师根据学生的特点、特长和志向指导学生选专业、选课、制订个人学习计划，对学生从入学到毕业进行全程指导。在导师指导下，学生根据自己的情况安排3~6年的学习计划，少则3年即可毕业。若在4年内仍未完成本科阶段的学习任务，则4年后仍可继续修读，直至修满学分毕业。第二学年末或第三学年初，学习成绩合格者可以在学校教学资源允许的情况下自主选择专业。

4. 教学管理过程创新

教学管理过程创新包括加强基础淡化专业、聘用最优秀的教师以及培养科技创新能力三个方面。

（1）加强基础淡化专业

教改实验班按大类招生，不分专业，采用"加强基础、淡化专业、因材施教、分流培养"的办学方针，充分利用综合性大学学科齐全的优势和良好的教育资源，实践本科阶段低年级基础教育和高年级宽口径专业教育相结合的教育理念，突出基础、能力、素质三要素的全面培养。

（2）聘用最优秀的教师

各高校的教改实验班为学生配备了全校最好的师资。

（3）培养科技创新能力

建立教改实验班的高校为该班学生创造了参与学术活动和国际交流的机会，以培养他们的科技创新能力。

（二）教改实验班教学管理体制创新的启示

由于教改实验班在各高校是教学改革的"试验田"，承担着先行者的任务，学校对此又给予了各项优惠政策，因此，尽管其在教学管理体制上多有创新，并显现其优势，但限于学校的条件，短期内并不适宜在全校范围内推广。暂时不能推广并不等于否定了教改实验班的管理创新，恰恰相反，实验班的成功表明了我国高等教育管理体制今后需要努力的方向。

1. 改革教学管理制度

对于学生而言，教学管理制度需要进一步改革的内容是，在现行的学分制和学年学分制的基础上，实行更为自由的选课制，更利于学生学习的导师制以及按学分注册、缴费、毕业的学籍管理制度。对于教师而言，教学管理制度应在培养教师的创造性，营造有利于教师创造性发挥的宽松环境方面继续努力。

更为自由的选课制是学分制的核心。学生在导师的指导下，对于选择专业、课程、授课教师和学习进程有较大的自主选择权。导师制要求在全校范围内选聘导师，副教授、教授均可为本科生担任学业导师。每学年对导师进行一次年度业绩考核，考核结果作为职称晋升、岗位聘任的基本条件。按学分收费将是全面实施学分制后的必然趋势。例如，新生第一学年不参加选课，就按照国家规定的标准收取培养费。第二年按所选学分注册，收费金额按目前学年制的收费标准折算的单位学分收费标准计算，依此类推。

（1）在培养教师创造性方面，学校主要采取对教师进行职后继续教育的方式

随着科学发展的日益变化，教师的知识不可避免地要不断更新，否则就不能适应教学的需求。教学管理部门根据学校发展的总目标，针对学科设置的要求，制定教师培训的具体规划。规划的内容包括选拔培训人员的条件和方式，

规定培训内容、培训方式、培训时间、培训经费及培训期间待遇等。

（2）在营造创新环境方面，学校可以从物质环境和精神环境入手

创造物质环境就是加强硬件设施，为教师创造良好的工作环境，如建立设备先进齐全的科研实验室、教学研究室，加强多媒体教室的建设，加强校内信息网络、图书馆、科技资料室的建设，美化校园环境等。精神环境就是营造一种民主、公平、自由的氛围，如尊重教师的人格和生命价值，客观评价教师的教学科研工作业绩，重视教师的科研成果和劳动价值，容纳教师的不同学术观点等。

2. 改变教学管理模式

随着"以人为本，以生为先"教学管理思想的逐渐渗透，高校将加大改革步伐，使以教师为中心的教学管理模式向以学生为中心的管理模式转变。具体表现为两段式教学管理、参与学术研究以及加强对外交流。

（1）两段式教学管理

为了达成高校培养具有厚基础、强能力、高素质人才的培养目标，高等教育管理部门将按照"强化基础、淡化专业"的观念，实行以通识教育与专业教育有机结合为核心的两段式教学管理。对于两段式教学管理，不同学校采取的方式各有差异，一般分为2+2模式或1+3模式。

（2）参与学术研究

吸引学生参与学术研究的出发点在于充分利用本校的教学资源、高水平的师资队伍和雄厚的科研实力，为学生提供科研训练平台，以利于培养学生的创新思维、创新精神和创新能力。学生参与学术研究可以通过三种形式进行。

①参与导师的课题研究，以获得导师的言传身教。

②参与学校的科研训练项目，以培养团队合作精神和实践能力。

③参与各种学术沙龙、学术报告会以及学术交流活动，以增进对该学科前沿的了解。

（3）加强对外交流

高校应努力扩大对外交流，使学生获得全新的体验，拓宽视野、增长知识、提升看问题的高度、为提高国际竞争力打下良好的基础。学校应积极拓展各种渠道，为本科生在校期间出国交流提供更多的机会，如校际、校企以及国际之间的交流。交流形式包括短期课程学习、短期培训、技术实践以及文化交流。

第四章 我国高等教育课程管理体制改革探究

课程是人才培养目标实现的具体化,课程管理的最终目标能否实现会落实到人才培养的质量上。因此,我国高校课程管理制度改革应坚持人才培养质量为中心、学生为本、实现多元主体利益诉求的价值取向,进而实现课程设置目标明晰、管理过程规范以及多元协同管理的目标。

第一节 课程管理体制改革目标及价值取向

一、高校课程管理制度改革的目标选择

要实现人才培养目标的使命,课程管理制度改革是关键。而课程管理制度改革的目标选择,则是保证制度改革成效的具体目标定位。科学合理地选择目标定位,既是实现最终价值的重要中间过程,也是课程管理制度改革顺利开展,人才培养目标实现的关键因素。

(一)课程设置与人才培养目标相适应

高校课程管理制度改革最终服务于人才培养目标的实现,通过高校课程管理制度改革,明确课程设置,实现人才培养目标。

1. 学科的融合与交叉

创新人才培养前提条件是不同学科之间的融合与交叉,不但是创新人才培养的重要途径,而且是新知识发展的有效方式。高校应依据自身办学特色及学生兴趣进行课程设置,以此与人才培养目标相适应,满足人才培养需求。课程设置需打破原有的条块分割模式,以学科群定专业代替以专业定学科群,使课程知识结构更具结构化和创新化,更容易与学生认知结构体系相关联,促使学生创新思维与价值理念的形成。

2. 高校应以通识教育为基础

随着社会经济发展，高校课程设置与人才培养目标不相匹配的特征凸显，影响人才培养目标的实现。为此，使专业与通识相结合、理论与应用相结合、科学与人文相结合、基础与前沿相结合，突破了学科之间、专业之间的界限，拓宽专业设置口径，形成综合化的课程结构体系，进一步加强专业调整，完善专业调整机制。这样不仅深化专业知识，而且丰富了课程内容，为实现人才培养目标打下坚实的基础。

在世界不同国家的课程改革实践中，追求人文教育与科学教育的整合，有利于促进不同知识结构体系的融合与发展，而综合性和基础性的强化始终是设计课程的基本选择。

（二）完善课程实施过程的支持体系

创新人才的培养应渗透于课程实施的全过程，而不应游离于课程实施之外。以学生为本的课程管理制度改革应遵循现有的教学规律和学生的发展规律。

1. 构建以学生为本的课程教学创新体系

在课程实施过程中，把以教师为中心、以灌输式教学为主的课程教学模式转变为以学生为本、以参与互动式教学为主的课程教学模式，给予学生一定的参与权，激发学生学习的积极性，让学生能够畅所欲言，积极思考，促进学生发展。

2. 完善的教学资源支持体系

课程实施的顺利开展，在以学生为本的理念指引下，通过高校课程管理制度改革，整合教学资源，使教学融入科研，形成教学与科研资源的共享平台，促进人才培养。

例如，清华大学提出了综合型、研究型的课程教学模式，将实践教学和科学研究引入课程实施过程中，鼓励学生参与实践活动和科研活动。通过实践教学和创新实践，使第一课堂贯通第二课堂，校内结合校外，实现教学与科研的资源互补与共享，促进学生的思维能力、实践能力以及创新能力等方面的全面发展，从而为创新人才培养注入新血液。

当然，要实现创新人才培养目标，课程实施效果是基础。需建立课程评价制度体系，对教师教学效果与学生学习成果进行评价，并给予学生应有的课程权力，让学生也参与到课程评价中，以此提升课程教学水平，实现人才培养目标。

（三）实现多元主体的管理目标协同

1. 政府的利益诉求需要通过自身参与高校课程管理制度改革来实现

随着社会市场经济的发展，政府的作用与职能日益显著。政府出资办学是高校发展的主要动力，对高校的课程质量具有间接影响。通过参与高校课程管理制度改革，转变自身的角色定位和职能，成为课程管理的"掌舵者"，制定课程管理的宏观政策，实现人才培养目标，以此获得政府宏观效益。

2. 高校发展离不开教育资源的支撑

伴随着市场经济的转型，高校逐渐拥有了办学自主权，可以自主进行课程管理。因此，高校通过课程管理制度改革，对课程资源加以整合和优化，充分利用和调动一切教学资源，制订科学的教学计划，并推行完全学分制和弹性选课制，确保课程的多样化和丰富化，满足不同层次人才培养的需求，实现人才培养目标，促进高校自身发展。

3. 为学生提供利益表达渠道

学生是学校培养的对象，是学校的最终"产品"，因此，学生的特殊身份，使其成为高校课程教学中重要的利益主体。高校应给予学生充分的重视，如让学生参与高校人才培养方案制定、教学内容选择、课程教学过程，使学生充分表达自己的想法和见解，以此发挥他们的主体作用。

同时，高校教师是课程教学主体，对高校课程和学生的需求最为了解，是人才培养模式设计不可或缺的利益主体，所以高校也应给予教师充足的课程权力，让他们参与课程方案制定、课程教学实施以及课程评价等，发挥教师的作用，提升课程教学水平，促进学生和教师的共同发展。

4. 社会力量也成了课程管理的利益主体之一

随着高校逐渐拥有办学自主权，开始面向社会开放办学，这将要求高校课程管理制度改革应顺应社会发展，满足社会发展的需求。通过课程管理制度改革，让社会力量切实参与课程编制和课程评价以及监督等过程中，为制度改革及时提供反馈意见，促进课程发展，实现人才培养目标，满足社会发展所需。

二、高校课程管理制度改革的价值取向

高校课程管理是高校教学运行的核心，其制度改革的价值取向则是高校教学运行机制的方向和灵魂。不同历史阶段，高校课程管理制度改革的价值取向有所不同。

经济市场社会发展对高校课程管理制度改革的价值取向提出了新的要求，即要求高校课程管理制度改革应倡导以学生为中心的管理理念，提升人才培养质量，并实现多元利益主体参与的目的。

（一）提高人才培养质量

人才培养既是高等教育职能之一，也是高等教育的主要任务。从本质上来看，人才培养质量能具体体现高等教育质量的优劣程度。提高人才培养质量，不但需要改观人才培养理念，培养学生的创新精神，而且需要改革课程教学方式，提高学生的实践能力，促进创新人才培养。然而，无论是人才培养理念的改观，还是课程教学方式的改革，都需要通过高校课程管理制度改革得以实现。一般而言，高校课程管理制度改革是提高人才培养质量的重要途径，是教育理念转化为教学实践的运作范式。

1.需从理念入手

高校应树立先进的理念，引领高校人才培养，把提高人才培养质量放到首位，坚持质量至上、内涵发展的质量观，围绕培养具有实践能力、创新能力和动手能力的高素质应用型人才的目标，以提升课程教学质量为基准，建立课程教学质量监控体系，健全课程教学评价机制，使人才培养过程更加规范化和科学化，以此保障人才培养质量。

2.需从实践着手

第一，学校应以培养具有较强的创新意识、良好的人文、科学素质以及较强的独立学习能力的人才作为培养目标，转变传统的课程教学方式，探索新的课程教学方式。在课程教学过程中，打破机械式、被动式的"传授—接受"教学传统方式，采取课程研讨式、案例分析式的"问题—发现"创新型教学方式，激发学生学习的创造力，培养学生的思维能力。

第二，学校应以强化学生的实践能力和创新能力作为培养目标，进行课程实践教学。例如，通过创建实践教学的良好环境，完善实践环节的教学体系，鼓励学生参加各种实践活动，提高学生的实际操作能力。

第三，通过构建专业课程与通识课程相结合、课内与课外相结合、人文素质与科学素质相互渗透的教学体系，使课程体系趋于综合化和多元化，从而为学生提供多样化选择，促进学生个性化发展及创新能力的提升，保证创新人才培养目标的达成。

（二）以学生发展为本

在理论上，高校课程管理是以学生发展为本的实践活动，其中学生既是课程作用的客体，也是课程建设的主体，理应在课程管理过程中扮演重要角色。所以课程教学实践活动需要制度加以规范，以学生发展为本是课程管理制度的出发点。

1. 尊重学生的个性化需求，创建以学生发展为本的课程教学体制

（1）改革课程教学模式

以学生发展为本，把学生看作是教学活动的主体，通过开展启发互动式课程教学模式，让每一个学生都参与到课程教学活动中，充分调动学生学习的主动性。

后发互动式课程教学模式实质上是在教师的正确引导和启发下，学生自主创设学习情境，自己提出问题、探索问题、研究问题，最终寻求结论。教师在进行课程教学时，应以学生为本，充分考虑学生的感受，并为学生提供自由发表见解的机会，给予学生充足的学习空间，促进学生自由发展。通过开展启发互动式课程教学模式，打破了"一言堂"的传统课程教学，鼓励学生参与其中，提高学生主体地位，促进学生自主学习、自主思考能力的提升。

（2）创新课程教学内容

课程内容创新是培养创新人才的基本要素，通过课程内容创新，使课程以标新立异的姿态展现在学生面前，促进学生创造力发展。当然，教师自身应具备较高的审美观和创新思维，能站在学生的角度与立场实施教学，满足学生不同的个性需求，促进学生个性化发展。

2. 创建为学生服务的有效机制

（1）把以学生发展为本的理念融入课程管理全过程

一是课程决策方面。一般而言，高校课程决策是一个民主开放、自下而上的决策过程，其不仅包括高校行政管理人员和教师，还涉及学生的参与和互动。如果课程决策缺乏民主性，导致学生无法参与，那么校本课程开发工作就会阻碍学生发展。因此，应创造机会让学生参与到课程决策中，使其体会在其中的主体地位，激发学生学习的热情，促进学生发展。

二是课程实施方面。课程实施的前提是课程实施方案的制定。而制定课程实施方案除了需遵照课程文件有关规定外，还必须依据学生的身心发展特点。同时，在教学实施过程中，教师的教学着眼点要放在促进学生发展上，并把教学主动权给学生，促使学生主观能动性的发挥。

三是课程评价方面。学生是课程的实践者与体验者，对高校课程有不同的感受，能对课程做出客观的评价。因此，在课程评价方面应把学生视为评价主体，引导学生对课程进行自主评价，形成以学生为本的评价机制。这样，既调动了学生学习的积极性，促进学生发展，也使课程评价功能得以实现。

(2) 人才培养是高校有关人员参与课程管理运行的系统工程

在高校课程管理过程中，每个成员都应秉持以学生发展为本的理念，为学生服务。

一是高校行政管理人员在课程管理制度制定上，应消除自上而下的管理理念，保障学生课程权力，满足学生发展的需求。

二是高校教师在课程教学设计上，应根据学生多元化和个性化需求，设计不同的模块化课程教学方案，为学生实现个性化发展服务。此外，其他人员在提供课程教学资源上，也应以为学生服务为前提，从实践出发有效引导和整合教学资源，把有助于学生发展的教学成果引入课程管理中，建立课程教学资源多元化。

例如，某高校通过校企合作，将前沿项目引入大学生毕业设计和工程实践中，促使前沿行业知识与学生所学课程相融合，为学生掌握前沿知识服务，并在专业人士和教师的指导下，利用此平台开展各式各样的教学实践活动，促进了学生实践能力和创造力的提高。

（三）实现多元主体的利益诉求

就实践方面而言，课程不仅是高等教育活动的核心，也是高校课程教学的基本单元，直接影响人才培养质量。随着高等教育大众化发展，人才培养质量问题引起了教育界及社会人士的广泛关注，并期望通过课程管理制度改革提升人才培养质量。课程管理制度改革是否有效将会决定人才培养目标的实现程度，进一步影响多元主体的利益诉求。

1. 实现政府政治与经济价值的利益诉求

我国高校主要由政府出资办学，政府不仅作为主要出资人，而且是高校办学的监督者和管理者，他们希望高校能履行其职责，以获取自己的利益诉求。

一方面政治利益诉求。即通过高校培养高层次人才，促进政治社会化的实现，进一步推动国家民主政治的发展。

另一方面经济利益诉求，即通过与高校、社会的互动与合作，促进区域经济的发展，提升劳动者的综合素质，提高工作效率，进一步开发服务技术，培养所需的高端技能型人才。

2. 实现高校教职员工自身价值的利益诉求

就管理者而言，不仅包括校长，还包括院长、系主任以及其他教学管理人员。他们是课程教学管理的组织者和服务者，在课程管理过程中起到组织、领导和协调作用，他们希望用较少的课程资源和较低的教学成本，实现高水准的教学质量和课程质量，使人才培养质量提升。

对教师而言，教师是教育产品的生产者和创造者，会直接影响人才培养质量，因此教师是最核心的利益诉求者。他们希望有权力参与课程管理，给予其应有的社会地位和人格的尊重，并以身作则完成教书育人使命，得到组织对其课程教学能力和成果的认可，实现自身价值。

3. 实现学生人力资本增值的利益诉求

高校之所以存在，学生是主要原因，无论是课程教学质量提升，还是人才培养目标实现，毫无疑问学生具有实质上的合法性。他们希望有权力参与课程管理，获得所需的知识和技能，提高综合素质和就业能力，以此满足自身发展需求，从而使个人资本增值的利益诉求得以实现。

4. 企业等社会力量投资回报的利益诉求

他们是课程教学和科学研究的主要合作者和支持者，企业期望高校能为其提供高素质人才，正如知识生产的溢出效应一样，对企业发展起到带动作用。同时，企业也是高校进行课程实践的投资者和提供者，通过为高校提供科研场所和实践基地，让高校能更高效地利用资源，提高办学效益，提升人才培养质量，为企业提供所需的技术和人才，以此实现投资回报利益最大化。

第二节 我国高校课程管理体制的问题

高校课程管理制度是课程管理的主要依据和行为准则，也是人才培养目标得以实现的前提条件。本节基于利益相关者理论视角，围绕政府、高校以及社会力量三个主体维度，对目前课程管理制度加以现实审视与探析，揭示其中存在的现实困境与问题，为高校课程管理制度改革顺利开展奠定基础。

一、政府对高校课程管理的体制机制困境

（一）政府对高校课程管理的体制不够完善

1. 政府对高校课程管理的执行体制不够健全

随着高等教育体制改革的不断深入，政府加大对高校课程的宏观管理力度，高校课程管理也趋于民主化，但政府对高校课程管理的执行体制仍不健全。主要体现在：高校课程管理政策主要由教育部门制定并实施，除了制定宏观课程

管理政策之外，还制定一些体育以及外语等公共类课程管理政策。

2. 政府缺乏对高校课程管理的保障机制

（1）相应的硬件支撑的缺乏

只有强大的硬件资源作为支撑，课程管理政策的制定才会更加科学化、合理化。但是，政府对高校财政经费投入十分有限，个别地方院校存在经费不足的现象。在课程管理政策制定上，有关经费支持方面的内容也涉及较少，使支撑制定政策的硬件资源相对匮乏，降低了高校课程管理政策实施的效率。

（2）政策制定稳定性有所缺乏

政府颁布的高校课程管理政策频率高、数目大，基本上是一个政策刚颁布没多久，新的政策就会接踵而来，所颁布的课程管理政策实施成效并不显著。

（二）政府对高校课程管理范围过于宽泛

随着政府权力下放，高校拥有一定自主办学权，可以根据自身的特点和条件，自主进行课程管理。表面上，高校拥有了一定的课程管理权力，但实质上，政府对高校课程管理内容干预仍然存在，对高校课程管理层面也依旧广泛，本应赋予高校的课程权力没有得到充分落实。

二、高校内部课程管理权力失衡

（一）行政权力泛化限制了院系课程管理权限

相比校级所设的机构，学院机构设置较精简，一般仅设有教学工作委员会，主要由教师和教学管理人员组成，具体负责本学院的教学管理工作。有些高校的学院下设系、教研室或学科组，教学管理工作主要是在系主任领导下，由专职教学人员负责实施。

作为高校最基层组织—教研室或学科组，主要负责完成教学计划规定内的课程教学工作，并适时开展课程改革与教学改革的相关活动。就当前高校内部管理状况而言，学院教学管理工作长期由校长领导下的教学行政管理部门领导和管理，而教学管理工作委员会在教学管理中发挥的作用并不大。

1. 院系课程管理观念比较陈旧

（1）未确立课程管理即管理创新的观念

由于受到高校行政权力泛化现象的影响，教学管理人员习惯于墨守成规，如在人才培养方案的修订上，仅是对原有教学计划做简单修改，而没有突出创新和改革的理念。

（2）未确立课程管理即服务的观念

高等教育目标是促进学生发展，理应把为学生服务放到课程管理的首位。但实际上，高校课程管理的服务功能仍无法满足学生发展的需求。

2.院系课程管理自主权受到了部分限制

随着权力下放，高校逐渐拥有了办学自主权，然而新的管理势力却又在高校内部组织中骤然形成，学校行政管理部门掌握着课程管理权，院系课程管理权力则相对不足，在很大程度上其地位和作用受到了影响。

（二）教师权力在课程管理中的作用得不到发挥

教师是课程的实践者与创新者，在课程管理中应最具发言权，他们有权力决定"如何教"以及"怎么教"。但由于传统管理体制的"惯性"，高校课程编制管理、课程实施管理和课程评价管理等工作仅被视为行政管理人员的事务，致使从一开始有关课程管理的活动就缺少教师参与和互动。

（三）大学生参与课程管理权力微弱

学生的课程评价权力较为缺乏，主要体现的是学生对教师的评价，而忽略了学生对课程评价以及学生自评与互评，这样既不利于促进学生的自我评估与改进，而且也会进一步阻碍课程教学水平的整体提升。

三、社会力量参与高校课程管理的制度不够健全

社会力量在课程管理领域中的角色不容忽视。随着社会更加趋于民主化，社会力量参与课程管理逐渐备受关注。但在实际应用中，并没有很完善地呈现。

高校活动不能有效地融入行业企业或用人单位，行业企业或用人单位的文化与资源也不能引进高校，这在一定程度上阻碍了行业企业或用人单位参与高校课程管理活动。如果仍不加以完善，那么社会力量就会游离于高校课程管理活动之外，完善课程管理制度的目标也就很难实现。

第三节 我国高校课程管理体制改革方略

针对目前我国高校课程管理制度存在的实践困境，本节提出了课程管理制度改革的具体路径，即健全政府对高校课程的宏观管理机制，完善高校内部课

程管理权力制衡机制，以及创建社会力量参与课程管理的协同机制。以此完善课程管理内外部制度环境和运行机制，形成多元主体共同参与的和谐课程管理体制，保障人才培养目标的实现。

一、健全政府对高校课程的宏观管理机制

随着我国高等教育体制改革不断深入，政府不断调整课程管理方式，从强调对高校课程的微观控制到加强对高校课程的宏观机制，通过完善政府课程管理与评估机制以及转变政府课程管理行为与方式，实现政府的宏观机制功能。

（一）完善政府课程管理与评估机制

1. 转变高校课程评估管理体制

课程评估是高校课程管理系统中最基本的内容，它是提高课程教学水平与课程建设的重要手段。当前，十分强调课程评估的客观性、真实性、全面性以及准确性，需要多元主体共同参与课程评估，转变高校课程评估管理体制。即转变以政府为主体的单一课程评估管理体制，实现多元主体的共同参与。

（1）伴随着经济的飞速发展，高校之间竞争变得激烈，以学生为中心、为学生服务的观念逐渐确立，学生参与课程评估受到重视，并且其评估的权重也随之加大。教师是课程的主要实施者，对课程问题最为了解，通过对课程进行评估，能及时发现并解决课程问题，推动课程改革与发展。

（2）高校开始面向社会自主办学，高校课程质量与人才培养质量直接关乎社会发展，因此，衡量高校人才培养质量是否满足社会需求，社会力量起着关键性的作用。政府应给予社会力量一定的权力，鼓励其参与课程评估与监督工作，这样不但增加了社会力量对高校办学的认可度，而且也激发了社会力量参与的积极性，促进课程管理整体水平的提升。

2. 创建课程分类评估的管理机制

由于评估标准的不定性以及指标体系的单一性，导致评估结果没有说服力。因此，应创建课程与专业分类评估管理机制。为了使评估标准更加清晰化，各类高校可以依据学科性质的特点，对评估单位加以进一步划分，并根据不同的课程分类标准实行分类评估。从评估性质角度出发，教育部将高校划分为两大类：一类是已受过院校评估的高校，另一类是未受过院校评估的高校。

已受过评估院校一般是国家重点高校，基本都具有较高的科研与教学水平，

面临的是如何进一步提高人才培养质量与课程质量问题，所以将其分为一类。未受过评估的院校多数是地方院校和新建院校，基本都面临如何提高课程质量和教学质量，以及怎样成为合格本科院校等问题，将其分为一类。

针对这两类高校，实行不同的课程评估标准和课程评估方案。对于受过院校评估的高校，应对课程进行审核评估；对于未受过院校评估的高校，则对课程进行合格评估。以此达到评估结果的有效化和科学化，促进高校课程质量提高。

当前已受过评估的院校已达上百所，导致院校之间存在条件不同、水平不等以及层次不齐等现象。就此，学者们提出是否将这类院校再进行分类。有些学者认为，对这类院校应进一步分类，并详细设计课程评估标准和指标体系；另一些学者则认为不应再分类，当然不再分类的前提重在学校自身对课程的评估效果，即学校在课程评估方面是否获得成效。但无论采取何种类型，分类评估机制的建立有利于高校课程发展已成为不争的事实。

3.建立官办评分离的课程评估管理体制

高校不仅是办学主体，也是课程评估主体，落实高校自我评估是高校拥有办学自主权的根本体现。从评估者角度而言，面临教育环境的多变性、复杂性，高校课程评估除了包括学生评估、专家评估以及校内评估外，还包括社会人士评估。通过建立中介评估机构，使企业等社会力量成了高校与政府之间的"缓冲器"，协调两者之间的关系，同时参与高校课程评价。

实际上，世界上大多数高校评估都不是由政府直接实施，而是通过建立具有法律授权地位的中介机构来承担，如英国的高等教育质量保障机构、美国的六大区域认证机构等便是如此。我国应在借鉴和学习国外经验的基础上，构建适合我国高校课程发展的官办评分离体制。

（1）政府向高校放权

在高校课程评估过程中，政府是宏观"指导者"和"规划者"，从整体上统一课程评估的指导原则与指导思想，负责课程评估政策制定、颁布课程评估指标等。如政府每年都会根据高等教育发展状况，定期进行国家精品课程评选与考核，加大对课程评估的宏观管理，而具体的课程评估则由高校实施。

（2）政府向社会力量分权

政府应分割权力给社会，通过建立课程评估中介机构，鼓励社会力量参与到课程监督与评估中。社会参与高校课程监督的主要依据是以高校课程培养的人才质量与人才规格加以判断，并由社会中介机构通过开展课程评估活动得以实现。可见，通过建立官办评分离的评估体制既有助于政府管理职能转变的实现，也能鼓励社会力量参与课程管理，满足社会对人才培养的需求。

（二）转变政府课程管理行为与方式

1. 转变政府的行为，促进高校课程管理民主化

随着高等教育民主化进程的加速，课程利益主体趋于多元化已成为不争的事实，以政府为一元主体的管理体制受到挑战。鉴于此，政府应适度加大放权力度，赋予高校适合的课程管理权力，并为其他利益相关者提供参与课程管理的多样化渠道，使不同利益主体表达出自己的课程意志，实现高校课程管理制度的公平化和民主化。

高校课程的具体实施者是教师，教师不仅对课程问题最了解，而且对学生也最熟悉，最清楚学生的需求，理应给予充分的课程管理权，使教师自身的主体作用得以发挥，促进高校课程教学水平提升。

高校最终目标是促进学生发展。高校和政府部门的管理者应把学生的需求放到首位，认可学生参与课程改革以及相关高等教育问题的讨论，并把他们视为高等教育改革的主要参与者，在现行规定的体制内，参与高校的管理以及政策的制定工作。因此，赋予学生一定的课程管理权是高校课程管理民主化必不可少的一部分。

此外，高校课程管理也需要社会的广泛参与和监督。政府应适当的分权给社会，为社会力量创建参与课程管理的民主环境，提高其参与课程管理的积极性。

2. 调整政府管理的内容和手段

（1）调整管理的内容

目前，政府对高校课程管理的内容十分细致，具体体现为对本科"专业规范"和"专业目录"修订等做的规定上，如政府要求高校按照统一制定的教学方案实施教学；按照统一规定的专业目录设置课程，在很大程度上限制了高校办学的自由度，导致高校课程改革落后于社会发展的需求。为此，在课程内容管理权限上，政府应减少对高校课程内容的微观干预，适当加大对课程的宏观调控，让高校可以依据自身的条件和发展需求自主调整专业设置，进行课程建设。

与此同时，政府应加强课程质量调查和教学质量评估，不定时地发布一些相关的课程评估报告，不断规范课程管理建设，使其走向优质化；同时，建立教材选用机制，落实学校在机制中的主体地位，进一步促进高校教材市场的成长与完善。

（2）改革管理手段

改革开放以来，随着高等教育各个阶段的形势变化，政府对高校课程管理

手段也在不断变革。高等教育精英化阶段，高校课程管理方式主要以计划控制为主；到了目前高等教育大众化阶段，政府管理手段重心开始向宏观管理转变。进入"质量工程"时期，政府主要通过项目管理模式，对高校课程事务加以宏观管理。尽管在课程管理过程中加强了评估、督导以及法规等手段，但事实上，行政管理特征仍很明显，高校课程管理自主权仍比较有限。

因此，政府有关高校课程管理手段应从根本上进行彻底改革，即改变对高校课程单一控制的管理方式，综合利用政策规划与指导、信息服务、立法以及拨款等宏观的行政措施，以此减少政府的微观干预。

（3）增强财政支持

充分体现出政府希望通过财政投入，对高校教学改革起到辐射作用，激励高校在课程建设方面能发挥其自身优势，保障高校课程管理制度改革。

二、完善高校内部课程管理权力制衡机制

高校的最终目标应是实现所有主体的利益整体最大化，而不仅是使少部分主体的利益得以最大化，否则将会顾此失彼。目前，高校课程管理制度改革的关键是要完善高校内部课程管理权力制衡机制，保障院系、教师及学生的课程管理权力的实现。

（一）保障院系课程管理权力的实现机制

院系是高校教学的实体组织，它对所属专业、学科的实际情况最熟悉，就课程设置、课程实施等微观管理也最具发言权。为了保证高校课程管理的有效性，高校应走出微观管理的误区，完善院系机构设置，赋予院系课程管理权，调动院系工作的主动性。

1.完善院系机构设置，建立课程管理委员会

反观当前高校内部课程管理组织，集中凸显出院、校两级在课程管理中的职责错位、职权重登等问题，导致在落实教学质量评估、课程建设和课程管理运行等方面的工作难以理清院校两级的职责分工，即本应由教学工作人员负责制定人才培养方案，却由行政管理人员负责计划和实施，致使课程管理运行效率低下。

因此，完善学院机构设置是院、校两级课程管理机制有效运行的基本保障。院系可以单独设立课程管理委员会，明确自身的地位和职责。教学管理人员遵照学院的课程规划和安排，负责本院系的专业课程、学科基础课程的建设和管

理，并重视和协调教师和学生在课程管理中的地位和权力。

此外，根据高校教务处的统一要求，各个院系可以按专业成立培养方案制定小组，由各个学院院长作为组长进行领导，并吸纳一些专业骨干教师参与方案制定，以此改变师生与院系行政之间的管理关系，建立一种民主协商制度，提高院系参与课程管理的积极性，促进课程管理的有效开展。

2.理顺院校两者之间关系，赋予院系课程管理权

在高校中，院、校都是课程管理的主体，都具有课程管理权力，两者的关系与地位应是平等的。但由于受到传统管理体制的束缚，院、校两级在课程管理过程中凸显出两者之间关系的不协调、地位的不平等。具体体现为校级对课程事务管得过多、管得过死，并总在微观管理方面下功夫，促使校级行政管理人员走向一个严重的误区。而学院习惯听从于校级指令，使学校与院系之间形成了一种"命令"和"服从"的关系，影响课程管理的正常开展。

可见，在实践过程中，学校应从传统管理模式中走出来，摆脱对课程细枝末节的管理，赋予院系课程管理权力。

（1）改变传统的行政管理体制

在课程管理过程中，高校行政管理部门在课程管理上应通过制度建设，政策指导以及协调服务对院系加以宏观指导，具体的课程管理事务则应由院系负责管理，因此，行政管理部门与院系之间应该是规划指导与操作执行的关系。

（2）赋予院系课程管理权力

作为课程教学的实践部门，高校应赋予院系一定的课程管理权，让院系走向高校课程管理的"前线"，使其积极地参与课程管理活动，加快对学科、专业的了解，获取学生对课程需求的有效信息，促进高校课程管理制度改革。

（二）建立教师参与课程管理的激励机制

教师是课程的实施者，课程内容的选择与组织、课程实施与评价都离不开教师，所以教师与课程的关系十分密切。教师参与课程管理的积极程度会直接影响课程教学的效果，进一步会影响人才培养质量。因此，应建立教师参与课程管理的激励机制，提高教师参与课程管理的积极性。

1.实行本科生课程教学质量酬金机制

教师的课程教学效果在课程督导专家、同行教师、学习同类课程的学生综合测评排名位居前列，才有资格申请教学质量优秀评定。申请资格通过后，学院依据制定的考核细则和教学优秀量化考核表，由督导专家、同行教师以及学

生对教师教学进行评定，最后以课程为单位量化考核结果进行排序。

2.实行研究生课程教学质量酬金机制

针对负责研究生公共课程教学工作的教师，申请教学质量优秀评定资格除了需满足课程教学效果在管理人员、督导专家、同行教师、学习同类课程的学生综合测评排名位居前列之外，还要求教师所进行的教学实践活动的成效性，即在教学过程中是否提高了研究生创新能力和实践能力作为其考核内容。如果达到申请标准后，即可以提交申请，学院根据条件遴选，并经过研究生院与领导审核和审定后，按照教学质量和效果在学院排名情况，给予教师相应的薪金。

（三）构建学生课程，管理权力的实现机制

1.构建课程共有模式

为了顺应高校课程管理实践的发展趋势与要求，就理论角度而言，有学者提出课程共有的主张，即政府与高校之间、教育行政管理部门与教育学者之间以及教师与学生和家长之间，在课程权力分配上形成一种平等式的"朋友"关系，而不是单向控制式的"命令—服从"关系。高校课程共有模式的建立是基于高校内部管理地位平等化以及权力分配上的民主化，即高校教师、行政管理人员以及学生之间形成一种"参与—合作"关系，以"共有"代替"独占"，扩大学生权力。

实质上，无论课程内容的选择还是课程编制与实施，都需要学生的参与和互动，并需聆听学生的"声音"。在课程管理过程中，教师应合理引导学生的"声音"加入其中。这样的课程才能符合学生的兴趣，才会有利于学生的发展。著名课程专家戈兰·哈斯认为，"可以把当前课程的不足以及课程的优点进行解释的最佳主体则是学生，因为他们反应与想法对课程起到十分重要的作用。"有些研究也表明，只要学生有机会参与课程管理，其学习成绩必将有显著提高。因此，课程共有模式的构建，不仅有助于推动高校课程管理的民主化，同时也有利于学生课程权力的实现与共享。

2.构建师生沟通交往机制

构建师生沟通交往机制的前提是给予学生一定的权力，使学生能向教师清晰地表达自己对课程的期望与需求，同时，教师也应向学生详细阐明课程安排、高校课程管理的意义以及评教内容与目的等。在此基础上，教师与学生双方之间形成一种平等、和谐的关系，互相交流并共同商讨个性化的评教方案，决定具体的评教标准和指标，最终达成共识。从理论上讲，彰显学生权力的重要手段就是以生评教。但实际中，以生评教运行效果并不佳。

高校评教工作主要由高校行政人员负责，而主要评价者和被评者——学生和教师则无权参与，导致教师不了解学生对课程和教学的需求和期待是什么，学生也不清楚评教的具体作用是什么，这样的信息不对称致使师生之间产生误会，也使学生对评教机制产生一种抵触心理。因此，要解决这一实践矛盾，应赋予学生一定的权力，使其积极参与其中，并与教师形成有效的沟通和交流，促进课程质量和教学水平提升。

三、健全社会力量参与课程管理制度

就利益相关者理论而言，政府、高校、教师、学生、社会力量都是大学利益相关者，理应参与高校课程管理。从某种意义上说，任何一类利益主体缺失，都会对高校课程管理成效造成影响。因此，需健全社会力量参与课程管理制度，实现社会力量参与的权力及其作用的发挥。

（一）增强社会力量参与高校课程管理意识

从利益相关者角度出发，社会力量既然是课程管理主体，就应自觉地对自身在课程管理中拥有的权力和地位有清晰的理解和充分的认识。目前来看，社会力量参与课程管理意识并不强。因此，需通过激发权力意识及构建组织机构，增强社会力量参与意识。

1. 激发并实现权力意识

随着高等教育体制改革，利益主体趋于多元化，社会力量的角色也从边缘群体向中心主体转移，逐渐拥有课程管理权力。在这样的背景下，社会力量应认识到自己具有课程管理权力，并相信自己能充分利用此权力推动课程管理制度改革，以此激发自身参与课程管理的内驱力。与此同时，社会力量应强化自身的课程管理权力，了解参与课程管理的途径和内外部环境，从而制定适当的参与策略，促使自己能积极参与其中，实现参与课程管理的权力意识与责任意识。

2. 建构并整合组织机构

既然社会力量是课程管理主体，就有必要表达课程的意愿和表达意愿的途径。但与完善的组织机构相比，社会组织机构相对比较分散，参与课程管理能力十分有限，课程权力表达渠道也并不畅通，导致难以正确认识到自身所具有的课程管理权力。

因此，社会力量应自觉进行组织建构和整合，保障权力表达渠道的畅通，如利用媒体、协会等媒介建立一个由个体或者社会人士组成的课程开发协会或服务机构，使社会力量通过所组建的机构表达课程意愿，并通过整合强、弱组织机构，实现社会力量的结构化和组织化。当然，为了保证管理制度的合理性与科学性，应对社会力量参与课程管理的权限和义务进行一定的规范与约束，促进社会力量参与课程管理的有效性，实现其参与意识的提升。

（二）创建社会力量参与课程管理的合作机制

随着高校开始面向社会开放办学，社会力量也可以自主参与高校教学活动。但是，当前社会力量参与高校课程管理制度仍不完善，导致参与渠道匮乏，高校与社会之间的交流与合作少之又少。为此，需建立社会力量参与高校课程管理的合作机制，鼓励社会力量参与其中。

1. 建立产学研结合机制

校企通过订单式培养的方式，使行业企业或用人单位参与高校人才培养中，为高校提供教学实践场所和科研基地，并在行业企业或用人单位的专家帮助和指导下，鼓励学生积极参与教学实践与科研活动，提高人才培养的综合素质，以满足行业企业或用人单位对人才的需求。高校作为主动方，应加强与行业企业或用人单位之间的交流与合作，深入了解行业企业或用人单位的利益需求，为他们提供多种参与途径和多样化服务，使行业企业或用人单位在获得自身利益基础上，积极参与课程管理，以此将行业企业或用人单位的课程项目资源改造成为高校课程的有效资源，共同促进课程质量提高，实现人才培养目标。

2. 建立共同愿景模式

共同愿景即以可持续发展为目标，以高校和社会力量的合作为基础，让双方就课程管理问题进行有效沟通和交流，使高校了解社会对高校课程的需求和渴望，以此引导高校对课程设置进行适当调整，使课程内容更贴切于行业企业或用人单位实际需求，最终在课程价值方面达成共识。

例如，通过构建会议、讲座、网络、现场调研或咨询等多种沟通方式和渠道，营造良好的交流合作环境，使社会力量参与高校课程管理的作用得到充分发挥。同时，为了能保证高校和行业企业或用人单位可以互惠互利、长期稳定的合作，双方应秉持实现彼此利益原则，共同遵守合作的规章制度。

实践证明，在教育系统内部，仅靠高校单一的力量进行改革，是难以实现理想的效果，唯有打破高校与社会之间的"隔离墙"，加强两者之间的联系，赋予社会一定的权力，使社会力量也成为参与者，才能为高校的有效治理提供发展空间。

（三）建立社会力量参与课程管理的保障机制

高校利益的相关者，社会力量也有自己的利益诉求，特别是以营利为目的的企业，会试图通过多种途径和方式主动参与高校课程管理。因此，需加强政府支持力度，建立社会力量参与的保障机制。

1. 创建专门的中介服务机构

为了保证社会力量参与课程管理，满足社会力量参与的需求，政府应创建专门由研发机构、高校以及企业组成的中介机构，在职能上发挥其协调和支撑的作用。

（1）设立评估机构和学术机构，其主要由社会精英、学者以及专家组成并参与，为政府与高校在课程管理方面提供更加合理化和科学化的建议，使高校和政府能更科学地对课程质量进行微观评价与宏观评估，促进课程质量的整体提升。

（2）提供实践活动场所，如校企参与课程项目设计研发场所等，让学生能更贴近社会，融入实践工作中，为其就业做准备。

（3）协助企业委托高校进行课程开发和人才培养，并协调解决校企合作中出现的问题和矛盾，以此发挥其优质的服务职能。当然，为了能使行业企业或用人单位参与高校课程管理趋于合理化，需加强其参与的程序化建设，让其依照既定程序进行合理操作，促进机构的专业性和权威性，使中介机构逐渐形成公共自觉的价值诉求，确保高校课程管理顺利进行。

2. 建立多元化的投资体系

（1）应加大政府的投入。政府可以针对课程建设设立专项基金，为行业企业或用人单位和高校合作提供充足的资金支持，如制定产学研合作项目计划基金。政府也可以采取专项贷款和财政补贴等税收优惠措施，鼓励社会力量参与课程管理。

例如，通过专项拨款，建立实践基地、大学城或者科技园，让高校与行业企业或用人单位进一步合作，提高课程实践教学和课程质量，促进当地经济与高校发展。

（2）加大行业企业或用人单位的投入。社会力量凭借自身拥有的文化资本参与课程管理，如一些课程研发机构会直接参与课程决策制定，或会利用机构的研究成果转化，对高校课程管理改革施加影响。

此外，高校是依据社会对人才培养需求设置课程，如果要与社会发展接轨，高校课程开发项目需要行业企业或用人单位能为其提供资源，如实践场所、课程项目、企业专家咨询、专题讲座等。因此，应在满足行业企业或用人单位利益诉求基础上，进一步鼓励行业企业或用人单位加大对课程管理资源的投入。

第五章　高等教育师资管理的创新实践

第一节　高等院校教师职业的性质与特点

一、高等学校教师职业的性质

科教兴国,教育为本;教育大计,教师为本。教育以育人为本,以学生为中心;办学以人才为本,以教师为主体,两者相辅相成,但教师在教育和教学中处于主导地位。

教师是一种特殊的职业、特殊的岗位,是与工人、农民、工程师、医生、企业家、科学家、艺术家等有着不同性质、不同任务的职业。

从职业对象来说,教师面对的是正在成长中的儿童、青少年。人是有思维的、动态的、变化的,人的差异性很大,从幼儿到大学生有差异,不同地区的学生、不同家庭背景的学生有很大差异,学生从小受到的影响、教育程度有差异。因此,教师要把知识、技能、道德观念、价值观念传授给学生,要因人而异,因材施教,要从不同学生的身心特点出发,通过教育教学活动促进每个学生进步,难度很大。好的教师能促进学生成长、成才,让人一生幸福。可见,教师对人的成长有重要的作用。

从职业的任务来说,教师不仅要教书,而且要育人。教师要根据不同年龄、不同学段的学生特点,把知识、技能传授给他们,把自己拥有的知识,通过教学活动,内化为学生头脑中的知识。由于学生是千差万别的,要让他们接受知识,要调动和激励学生的学习积极性,教师必须有高超的教学能力和教学艺术。教师还要担任"育人"工作。

从职业的内容来说,教师不仅要传授知识和技能,而且还要培养学生的思维力、创造力。传统的教育是以"知识为本",以教师为中心、教材为中心、教室为中心,主要立足于知识的灌输与传授;而现代教育强调培养学生的能力,尤其是思维力、创造力。因此,教师在教育教学过程中,在课堂教学上要把培养、激发学生的思维力、创造力作为重要任务。例如,开展问题教学和探究式、研讨式教学。在教学中,让学生讨论,让学生收集资料,让学生体验知识的产生过程,让学生参加实践活动。教师不仅要向学生教授知识,更要教会学生掌握学习方法。教师的教学内容有三个阶段:从教会知识到教会学习、从学会学习到学会思考、从学会思考到学会创造。

从教师的工作方式来说,教师要提高教学效果离不开教学工具,如粉笔、黑板、幻灯片等。现代教育要用电脑、PPT、多媒体教学,更主要的是要靠教师自己的知识、智慧、教学艺术、人格魅力。教师要把先进的文化和正确的人生观、价值观传授给学生,自己必须有高度的理论修养和文化修养,因为有理想的教师才能讲理想,有文化的教师才能讲文化。教师的一言一行,教师的品德和人格对学生起着榜样的作用、潜移默化的作用。我们平时讲的教师要"学高身正",就是说不仅要学问好,而且要人品好,要以身作则。教师的工作方式是靠个人的智力、能力和魅力,集中体现在教育教学过程中,这样才能产生好的教育教学效果。

从最终目的看,教师不仅向学生传授知识,培养学生能力,使他们将来走向社会、走向工作岗位时,具备一定的知识结构和技能,而且更重要的是还要教会学生做人,成为一个爱祖国、爱人民的人,有高度责任心、事业心的人,有奉献精神和团队精神的人。教师不仅要教会学生知识,而且要教会学生学习,具有吸收信息和运用信息的能力。总之,教师要树立全面育人、全程育人、全员育人的理念,并付诸教学教育实践。

二、高等学校教师职业的特点

在现代社会,教师不是人人都可以做的,而是一种专业。《中华人民共和国教育法》也规定:"教师是履行教育教学职责的专业人员。"教师资格包括四方面条件:中国公民身份、思想品德条件、学历条件和教育教学能力。实施教师资格证书制度是教师职业走向专业化的必要步骤,体现了教师职业的专业性和不可替代性。只有通过严格选拔的人,才能取得教师资格、担任教师工作,这样有利于提高教师的社会地位,增强教师职业的吸引力。实行教师资格制度,还有利于吸引非师范专业及社会上各方面优秀人才加入教师队伍，形成多元化的教师培养制度。

教师职业的特点主要体现在以下五个方面。

（一）教师职业的学术性和专业性

学术职业是以专门知识为中介的一种特殊类型的职业，从事的是专门的教学、研究和知识服务工作。专门化的知识是学术职业的基础。学术性的主要特点是教师对某一学科领域从事独立研究，有个人独立见解，教师可以充分发表个人的研究成果，而不受干扰和约束。专业性有两方面的含义：第一，指教师是专门的职业，就像医生、律师、会计等一样，别人不可以替代；第二，指从事某一专业教学和研究，如数学教师、物理教师、语文教师、外语教师等。无论是中学还是大学，都要对学生进行各学科专业方面的教学，因此有各学科专业方面的教师。有的教师从事基础课教学，有的教师从事专业课教学，每个教师都有自己的专业课，是这一领域的专家。他们要熟悉专业知识并能传授给学生，而且要有与该专业相关的知识，要及时掌握该专业领域的最新发展。教师为了搞好教学工作，不能仅依靠课本知识，照本宣科，还必须进行研究、探索，把自己研究的成果内化为自己的知识传授给学生。教师要把教学与科研结合起来，要对自己所教的专业知识进行研究，并积极开展科研活动，接受和承担科研项目。教师还要带领学生一起开展研究。总之，教师不能光做教书匠，还要做学问家、科学家。

（二）脑力劳动的复杂性和艰苦性

教师的劳动是塑造人的劳动，是从事劳动力再生产、科学知识再生产和社会成员再生产的一种特殊劳动。教师每天面对的是学生，学生的复杂性、多样性、多变性决定了教师劳动的复杂性和艰苦性。要使每个不同的学生都能受到教育，都能有提高、有进步、有发展，不是一件轻而易举的事情。教师向学生传授知识，要让不同的学生接受知识，也不是一件轻而易举的事情。知识的无穷性、交叉性、复合性也决定了脑力劳动的复杂性和艰苦性。脑力劳动不像在工厂里按一定的程序、规划、图纸、模型进行操作即可，而是要靠自己的再思考、再加工、再创造。教师要上好课，不可能靠一个教学大纲、一个教案就能解决所有问题。教师要有广博的知识，高超的思维能力、应变能力，才能及时处理好在教学过程、育人过程中遇到的各种不同问题。

（三）教师工作的创造性和灵活性

教师从事的是创造性的个体劳动，他们要向学生传授课本知识、专业知识，对学生进行思想道德教育。如何把书本上的知识变成生动有趣的、学生容易接受和吸收的知识，必须有创造性和灵活性。教师在教学中要旁征博引、举一反三、幽默风趣、引人入胜，要能够理论联系实际，善于应用现实生活中的材料。高等学校是知识传播、应用和创新的主要基地，又是培育创新人才的重要摇篮。高校的创新主要依赖于教师的创新精神和创造性的工作。教师不仅要在传授知识的过程中有创新和创造，而且要引导学生去创新和创造。如引导学生探索未知领域，引导学生独立思考，独立解决问题，尊重学生的独立见解，鼓励学生超过老师。

（四）教师职业的独立性和自由性

教师职业是教师独立完成的，如独立教学、独立研究、对学生负有独立的责任，同时每个教师还具有独立人格。教师职业的独立性体现在教学独立、研究独立、责任独立。教师在教学过程中，尽管有教学计划、教学大纲，有规定的课程、教材，但都要通过教师独立思考、独立操作，内化为个人的独立行为。自由性是指教师的学术职业是一种自由的职业，教师的研究和教学是自由的，教师也可以自由流动，从而促进学术的交流。

（五）为人师表的示范性和榜样性

教师是直面学生进行"传道、授业、解惑"的，要让学生接受教育、增强接受度，教师除了要有丰富的知识和教学技能外，还要有人格魅力。教师要用自己的行为为学生做示范、做榜样，才能起到好的教育效果。学生不仅要听教师是怎么说的，还要看教师是怎么做的，无声的语言，有时比有声的语言效果更好。教师的言行、仪表、风度、气质都对学生有很大的影响，具有潜移默化的作用。因此，教师必须时时处处严于律己，以自己的高尚品德、健康心灵、治学精神感染学生、教育学生。

第二节　高等院校教师的职责和基本要求

一、高等学校教师的作用和任务

高等学校教师是学校的主体力量，是办好高等学校的关键。培养高级专门人才、促进社会经济文化的发展是高等学校教师肩负的重任，他们通过传承、发展和创造人类科学技术文化知识推动着社会的进步。

（一）高等学校教师的作用

1. 表现在对高级专门人才的培养上

高校教师通过继承、传播、发展和创造人类科学文化技术知识，来培养各类高级专门人才，促进社会经济文化的发展。国家综合实力的提高、社会的整体进步要依靠科技生产力水平的提高，科技的发展在很大程度上又取决于高等教育培养人才的数量和质量，而高级专门人才的质量又取决于高校教师作用的发挥。高校教师在培养高级人才的过程中，不仅要传授知识，而且要帮助引导学生树立正确的世界观和人生观，培养学生高尚的道德品质和情操，塑造美好的心灵。

2. 表现在对人类科技文化的传承与创造上

高校教师在培养高级专门人才的同时，还承担着传承、创造人类科技文化的历史使命。高校教师通过多种形式，如学术交流、科学研究、论文著作等，继承、传播、创造着人类科学技术文化知识。高校教师还利用自身丰富的知识积累和本学科领域的科研优势，参与国家和地方的科研项目，为社会提供科技服务，制造科研产品，直接参与社会物质财富的生产、创造，并通过社会活动，传播精神文明成果，促进精神文明的发展。

（二）高等学校教师的任务

高等学校的基本职能一般有三种：培养人才、发展科学和为社会服务。高等学校要完成这三种职能，主要通过教师的工作来实现。因此，高校教师的任务主要有以下几个方面。

1. 教书育人的任务

每个教师都应积极承担教学工作，认真搞好教学，努力提高教学质量，完成教书育人的任务，这是不言而喻的。高校教师要根据专业设置、培养目标的要求，并遵循大学生身心发展的规律，认真钻研教材，精心组织教学，在传授知识、发展学生智能的同时，还要对学生进行思想教育，帮助、引导学生树立正确的人生观和价值观，以培养出全面发展的、高素质的社会主义建设人才。

2. 科学研究的任务

高校教师要通过科学研究，不断提高自己的学术水平，掌握科学研究的规律和治学的方法，从而丰富、更新教学内容，有效地指导学生从多科学研究工作，培养学生的科研能力。同时，教师通过科学研究，可以站在本专业领域的前沿，使自己的研究成果在本学科处于领先地位，从而促进学科发展和专业的改造。因此，高校教师必须把教学与科研更加紧密地结合起来，互相促进，相得益彰，把科学研究当作自己应有的职责。

3. 为社会服务的任务

高等学校的现代化和开放性，使得它与社会经济发展、科技进步有着越来越密切的联系。教育尤其是高等教育作为一项产业，应该充分发挥其对社会的服务功能。高校教师应该利用自身的丰富知识和科研优势，通过学术报告、科技咨询、培训人才等多种形式为社会服务，创造物质财富和精神财富。在为社会服务的过程中，教师又可以更深入地了解社会对人才培养的要求和对高校科研方向的需求，更好地提高教学和科研水平。

二、高校教师的基本要求

当前，学科之间不断交叉融合，课程内容日益复杂，教学技术手段不断更新，教育对象不断变化，对象的层次不断扩大，这些都对高校教师提出了更高的要求。必须严格教师资质；提升教师素质，努力造就一支师德高尚、业务精湛、结构合理、充满活力的高素质专业化教师队伍。具体来说，对高校教师的基本要求有以下几条。

（一）要有正确的政治方向，忠诚于社会主义教育事业

树立科学的世界观和方法论，引导学生正确认识世界。要忠诚、热爱教育事业，不论遇到什么困难，始终站在教育第一线，全面贯彻国家的教育方针，为办好高等教育贡献力量。

（二）要热爱学生，做好教书育人工作

高校教师面对的学生来源不同、层次不同，这就要求教师要遵循学生身心发展的规律因材施教，诲人不倦。在向学生传授知识的同时，更要注意用热情、友爱的情感感染学生，关心学生，对学生进行全面的指导。要增强教书育人的责任感和使命感。教师要关爱学生，严谨笃学，淡泊名利，自尊自律，以人格魅力和学识魅力教育感染学生，做学生健康成长的指导者和引路人。

（三）要具有渊博的知识面，精通自己所教的专业或学科

在信息时代，知识的膨胀、信息的充斥、网络的普及对高校教师所应具备知识的深度和广度都提出了更高的要求。教师除了具有广博的文化素养外，还必须精通自己所教的学科或专业，具有更扎实、更系统、更完整、更高深的专业基础和专业知识，并结合科研及时了解本专业的新成果和发展趋势，以适应变化的时代。此外，高校教师还应了解相关学科的知识。现代科学的整体性、渗透性越来越强，知识的综合性越来越显著，许多学科出现了"你中有我、我中有你"的趋势，作为高等学校的教师，更应该做到基础知识"厚"，专业面"宽"。

（四）要有合理的能力结构

合理的能力结构是教师完成教学、科研任务的必要前提，作为专门职业的现代教师必须具备以下能力。

1. 表达能力

表达能力包括口头表达能力和书面表达能力。教师的表达能力直接影响着教师教学和科研的效果。现代社会要求教师在口头表达方面，能流利大方、感情丰富地传达信息，使学生在接受知识的同时得到美的享受；在书面表达方面，要求教师能准确无误、清晰明了地表达自己的思想。

2. 学习能力

教育界有一句俗语，"要给学生一杯水，教师必须有一桶水"，而且这"一桶水"还必须永远是新鲜的、流动的活水，只有这样，才能适应现代社会的要求。因此，教师必须具备良好的学习能力，能结合自己的需要，运用现代信息技术，不断更新知识，调整自己的知识结构，使自己成为终身学习的典范。

3. 科研能力

现代教师不能满足于做一个"教书匠"，而要成为科研型教师。教师在进行科研活动时，一方面可以根据社会发展的需要，选择自己力所能及的课题进

行研究；另一方面也可以针对教育教学过程中遇到的实际问题，结合教育教学理论进行研究和思考，提出解决问题的办法。

4. 创造性的教育能力

教育是一门科学，也是一门艺术，而艺术的生命在于创造。教师在教育过程中不能满足于做一个现有知识的传播者，要敢于突破、有所创新，努力做一个新科学文化知识的创造者。在教学过程中，要充分认识教育对象的身心特点，积极改进教学内容和教学方法，启发学生的创造性思维，做到常教常新、教以致用。

5. 驾驭现代教育技术的能力

计算机、多媒体作为重要的辅助教学手段被引入课堂之后，教学过程变得更加生动形象、丰富多彩，教学效率大大提高。因此，驾驭现代教育技术的能力是教师能力结构中的一个重要组成部分。

第三节　高等院校教师应具备的素质

一、高等学校教师应具备的现代教育观

要办好一所学校，要提高教育教学质量，关键在于教师的素质。现代教师应具备现代教育观、现代教学理念和良好的素质。

（一）全面发展的教育观

现代大学的培养目标是德、智、体、美全面发展的具有创新精神和实践能力的高级专门人才。为此，教师必须树立全面的教育观，对学生实施包括德育、智育、体育、美育等在内的全面发展教育。把育人为本作为教育工作的根本要求。要以学生为主体，以教师为主导，充分发挥学生的主动性。要以学生为中心，因材施教，促进每个学生主动地、生动活泼地发展。教师在教育教学过程中不仅要重视智育，更要重视德育，还要加强体育、美育、劳动技术教育和社会实践，使诸方面教育相互渗透、协调发展，促进学生的全面发展和健康成长。树立全面的教育观，具体到实际的教育教学实践中，就是要坚持以人为本，全面实施素质教育，全方位地提高学生的综合素质。从根本上说，素质教育与全面发展教育实质上是一个问题，人的素质的提高也就是德、智、体、美、劳等的全面

发展。全面发展教育是从总体上把握人的培养和教育，而素质教育则是全面发展教育的具体体现。

（二）以学生为本的民主观

教师的学生观决定着教师的教育态度及相应的教育方式，支配着教师的教学行为，并进而影响到教育教学的实际效果。以学生为本的民主观主要体现在三个方面：第一，承认学生的权利，承认学生与教师在人格上是平等的，尊重学生的人格尊严，不对学生实施体罚、变相体罚或者其他侮辱人格尊严的行为；第二，尊重学生，平等地对待学生；第三，以有利于学生的发展作为教师工作的出发点和根本目的。只有承认学生的权利，教师才有可能真正平等地对待学生，只有平等地对待学生，才有可能真正地促进学生的全面发展。

当然，尊重学生、平等地对待学生，并不等于无原则地迁就、放纵学生，相反，还要严格要求学生。正如苏联教育家马卡连柯所言，在我们的辩证法里，这两者是一个东西。对我们所不尊重的人，不可能提出更多的要求；当我们对一个人提出很多要求的时候，在这种要求里也就包含着我们对这个人的尊重。

（三）个性化的教学观

传统教育往往强调整齐划一，由教师根据班级中等程度学生的情况来设计教学内容、教学方法、教学进度，用同一的教学内容、同样的教学方法、统一的教学进度来对全班学生进行教学，结果抹杀了学生的独特性，使本来应当具有丰富个性的人变成了一个个大致相同的"标准件"。现代教育强调发展学生的个性，要求教师树立个性化的教学观，根据学生的不同才能、兴趣和爱好施以不同的教育，为学生提供尽可能的自由，允许学生根据自己的实际跨专业、跨学科选修若干课程，为学生个性的发展创造充分的条件，使每个学生的个性都得到充分、自由的发展。

二、高等学校教师应具备的教学理念

现代教师要从以下几个方面转变教育观念。

（一）在培养目标上，从重育才向重育人转变

要改变片面的人才观。不少人认为"人才"就是指个人的知识和才能，因此把主要精力和时间放在传授知识、培养能力上面。仅注重"为何而生"的教育，而忽视了"如何做人"的教育，放松了对思想品德以及身体素质、心理素

质方面的培养。学校教育必须注重对学生进行"为何而生""如何做人"的教育，树立德育为先、以人为本的教育观和人才观。以人为本是指以学生全面素质提高、全面发展为本。

（二）在教学内容上，从繁、难、窄、旧向精、复、宽、新转变，从重结论性知识向重方法性、价值性知识转变

在教学内容上，现代社会知识激增，科学技术越来越向多学科相互交叉、融合的方向发展，因此在教学内容上要精一些，知识面要宽一些，要给学生复合性的知识、新的知识、人文素养的知识。要向学生传授并让学生体验知识产生的过程，介绍知识的价值，激起学生的学习兴趣和对知识的热爱。

（三）在师生角色上，从教师中心论向学生中心论转变，树立教师、学生双主体观

现代教育应以学生为中心，发挥学生在学习中的主体作用，教师起主导作用。教师要围绕学生转，要根据每个学生的不同情况制订培养计划、教学内容，使学生在学习上有自主权和选择权，要让学生参与到教学进程中去，要调动学生的积极性。

（四）在教学模式上，从刚性向弹性转变，把统一性与多样化、个性化教学结合起来

现代教育强调以人为本，就是要以每个学生为本，尊重他们的个性和与特长。学校应有多种教学模式，组建多种课程体系，开设大量选修课，让有不同需求、不同爱好的学生自己选择、自己组建知识结构。对少数尖子学生，在学完基础课以后可为他们配备导师，为他们单独制订教学计划，实施个性化的培养。

（五）在教学方法上，从单向性、封闭性向互动性、开放性转变

现代教育强调在教学上要激活课堂、激活学生，把学生当作课堂的主体，学生既是"听众"（观众），又是"演员教师要根据不同的教学内容、不同的教育对象，采取多种教学方法，把讲授式、研讨式、报告式、答题式、直观演示式、实验式等结合起来，充分调动学生的学习积极性。科学的教学方法是提高教学效率、提高学生学习能力的重要途径。

（六）在考试方式上，从考记忆性知识向考思维能力、创新能力转变

现代教育理念重视学生能力的发展，通过考试改革引导学生在学习能力、

思维能力、创新能力方面的发展和提高。平时，学生获得知识可以通过多种渠道、多种方式，不能只考从课堂上学到的知识，也要考他们自学得到的、从实践中学到的知识。

三、高等学校教师应具备的身心素质

身心素质包括两个方面的内容：一是身体素质，二是心理素质。

1. 身体素质

良好的身体素质是其他素质发展的基础，身体素质是"皮"，其他素质是"毛""皮之不存，毛将焉附"非常形象地说明了身体素质与其他素质之间的辩证关系。教师只有具备了强健的体魄、旺盛的精力，才能胜任长时间、高强度的教学、科研任务以及社会服务工作。如果身体素质差，即使知识渊博，品德高尚，满怀报国之志，也往往会感到心有余而力不足。教师要积极参加各种体育活动，养成良好的体育锻炼习惯，以增强自身的身体素质。

2. 心理素质

心理素质主要包括创新精神、协作精神、心理承受能力、坚强的意志和顽强的毅力、交际能力等。

第四节 高等院校教师队伍的建设和发展

一、高等学校教师的培养与发展

加强教师队伍建设是办好学校、提高教育质量的关键。既要提高教师地位，维护教师权益，改善教师待遇，使教师成为受人尊重的职业；又要严格教师资质，提升教师素质，努力造就一支师德高尚、业务精湛、结构合理、充满活力的高素质专业化的教师队伍。提高教师素质：第一，做好教师的培养培训工作；第二，优化教师队伍的结构。

教师的培养是一项长期的任务，为使培养工作取得实效，开展教师培养工作就必须遵循立足国内、在职为主、加强实践、多种形式并举的原则，对教师进行岗位培训、在职进修、重点培养，并加强对其实践能力的培养。根据需要，对不同年龄阶段的教师采取不同的培养途径和形式。

（一）培养的途径与形式

我国高校教师的培养有四条基本途径，即在职进修、脱产学习、实践锻炼、学术交流。目前，高校培养教师普遍采用的形式有以下几种。

1. 岗前培训班

岗前培训班适用于帮助新教师熟悉本职工作的岗位职责，了解和掌握从事教师工作的基本知识。

2. 单科进修班

单科进修班适用于帮助开设新课的教师提高相应的专业知识水平和教学能力。

3. 助教进修班、旁听研究生课、研究生班

助教进修班、旁听研究生课、研究生班主要用于解决青年教师低学历和任职资格条件等方面的问题，同时改善和提高教师的知识结构。

4. 知识讲座、讲习班、研讨班

知识讲座、讲习班、研讨班这类形式适用于中年教师更新知识结构，扩大知识面。

5. 国内进修、专题研讨班

国内进修、专题研讨班主要培养骨干教师和学术带头人。

6. 社会实践

参加社会实践能够帮助青年教师接触社会、了解社会，增加社会知识和实践经验。

改革开放以来，与国外的学术交流越来越频繁，教师出国培养的机会逐渐增多，其主要形式有攻读学位、从事博士后研究、担任出国访问学者、出国考察讲学、参加国际学术会议等。

（二）不同年龄阶段教师的培养与提高

1. 青年教师的培养与提高

教师的成长需要一个比较长的过程，因此要尽快、尽早地对青年教师进行培养与提高。青年教师的培养应立足国内、加强实践，坚持在职进修为主、脱产进修为辅。对于新任教的青年教师要指定讲师以上的教师当他们的指导教师；按照岗位职责，要求新教师在制订工作计划的同时制订进修计划。在教师担任助教期间，要及时安排他们进行业务进修。进修以在职为主，有条件和需要的也可以外出脱产进修，一般采取报考在职研究生、助教进修班、在职进修研究

生课程等形式。要求他们拓宽知识面，练好基本功，进一步掌握本学科的基本理论知识与专业理论知识，学习和研究教学法，掌握教学的原理和方法，尽快成长为一名成熟的教师。对成绩突出者要给予奖励或提前晋升职务。

2. 中年教师的提高

中年教师一般是具有讲师职称以上的教师。对他们的培养与提高主要是分配给他们新的和重要的教学与科研任务，促使他们在教学与科研中做出成绩，从而得到锻炼，提高业务水平。有条件和需要时，可以安排国内或出国进修，要求他们不断更新业务知识。提供良好的生活条件和工作环境，鼓励他们不断多出成果，成为教学与科研的骨干。

3. 老教师的提高

老教师一般已是教授或副教授，他们有丰富的教学和科研经验，但在科学技术迅速发展的今天，仍需要在教学科研中不断提高。除了完成他们的岗位职责外，还要求他们指导中青年教师的成长。

（三）学术骨干和学科带头人的培养与提高

培养一批高水平的学术骨干和学科带头人是提高师资水平、办好高校的战略之举。

1. 学术骨干应具备的素质

（1）经过五年左右的时间，争取成为本学科学术带头人的中青年教师和少数拔尖的青年教师。

（2）专业基础扎实，教学经验较丰富，教学水平较高。

（3）科研能力较强，对本学科的某一方面有较深入的研究，有一定的科研成果。

（4）治学态度严谨，学术思维活跃，勇于创新，对本学科的发展能提出有科学价值的创见，有一定的组织能力，能协同攻关。

（5）能熟练地掌握和运用一门外语。

2. 学科带头人应具备的素质

（1）学术造诣深，理论基础雄厚，具有扎实的专业知识和丰富的实践经验，掌握与本学科有关的边缘学科知识和国内外学术发展动态，学术思维活跃，具有较强的国际学术交流水平。

（2）教学、科研成果卓著，有达到国内先进水平的学术专著或学术论文，在国际、国内学术界具有一定的地位和影响。

（3）治学态度严谨，能起到设计、组织和指导课题的作用。

（4）有较强的科研管理和组织领导能力，热心培养中青年教师，具有带博士研究生的能力。

（5）学术作风民主，具有团结协作的精神。

培养学术骨干和学科带头人，要从多个方面关心他们的成长，为他们创造和谐的学术环境，提供必需的图书设备和实验仪器，改善他们从事教学、科研的条件。对于骨干教师，主要通过工作实践来提高他们的水平，大胆使用新人，注意把他们安排在重要的学术岗位上，根据他们的实际情况安排参加重点科研项目或承担主要课程的讲授。要提高中青年尖子教师的知名度，大力扶植他们在学术上尽快成长。要把重点培养对象安排给学术造诣深的老专家、老教授当助手，以学习专业知识和治学方法，提高学术水平，培养科研能力。

对于学科带头人的培养措施有：设立科研基金，支持尖子教师在本学科领域的学术发展，使其能够站在本专业的前沿，研究成果在本学科中处于领先水平；建设各类访问学者和博士后等高层次人才培养基地；组织多学科人员的高级研讨会、讨论班，通过学科交叉渗透的途径来产生新兴学科带头人。

二、高等学校教师队伍的结构优化

高等学校教师队伍的建设是办好高等学校的一项具有战略意义的大事。没有一支学科齐全、结构合理、政治和业务素质均比较好的教师队伍，是不可能办好大学的。因此，正确认识、了解和优化教师队伍的结构具有十分重要的意义。

教师队伍的结构是指教师整体构成的状态。教师队伍的结构在很大程度上反映着教师队伍的整体素质和适应能力。教师队伍的结构是否合理，直接影响着教师队伍整体作用的发挥，直接影响着高校教学与科研的整体质量。教师结构主要包括职务结构、学历结构、年龄结构、专业结构和学缘结构。

（一）职务结构

职务结构是指教师队伍内部各级职务的比例。高校教师的职务由高到低分别是教授、副教授、讲师、助教。高校教师的职务结构是衡量教师队伍业务能力和水平、反映教师队伍整体素质的一项重要标志。不同类型、不同基础、承担不同任务的高校，其师资队伍的职务结构是有差别的。就一所高校来说，随着学校教育事业的发展，教师队伍的职务结构也会发生变化。因此，高校教师队伍的职务结构怎样才合理,要依据高校的不同类型、不同基础、承担的不同任务而定。一般来说,以培养研究生和科学研究为主的高校,其职务结构多为倒金字塔形,即教授、副教授等高级职务所占比例较大,这样才能适应高水平科学研究及教学的需要;对于教学与科研并重的高校,其职务结构往往为卵形,即中级职务——讲师所占的比例较大,而高级职务和初级职务所占的比例较小;对于以教学为主的专科学校而言,其职务结构最好是金字塔形,以加强教学的力量,避免高级职务教师过量,造成浪费。

从一所学校的教师职务结构到一个系、一个教研室的职务结构,都要依据不同的任务,综合分析,组成合理的结构,才能更好地适应教学与科研的要求。

(二)学历结构

学历结构指教师队伍最后学历的构成状况。它在一定程度上反映出教师队伍的业务素质,反映出教师的基础训练水平和教师发展的潜力。随着科学技术的发展和教育水平的提高,对教师的基础理论和科研能力的要求越来越高。一般来说,教师队伍中拥有高学历的比重越大,学校的科研、教学的潜力就越大,学术水平就越高。

我国高校的教师目前本科学历占多数,因此,一方面,要加快研究生培养的速度,为高校输送更多高学历的教师;另一方面,对于高校中不具备研究生学历的教师特别是青年教师,要求他们报考在职硕士生、博士生,或在职进修硕士学位、博士学位的主要课程。

(三)年龄结构

高校教师的年龄结构是指教师队伍的年龄构成状况,主要包括教师队伍的平均年龄、各级职务教师的平均年龄、各年龄段教师人数比例等几个主要指标。高校教师从事的是创造性的脑力劳动,它比任何一种物质生产劳动都更需要旺盛的精力和创造力。人只有在记忆力、理解力和体力都比较好的时期才能表现出较好的创造力。因此,教师队伍的年龄结构在很大程度上反映了整个教师群体的教学、科研活动及其兴衰趋势。

(四)专业结构

专业结构是指教师队伍中各专业教师的比例状况。高校教师合理的专业结构应与社会的政治、经济、科学技术以及高等教育的发展相适应,应有利于完成学校的教学与科研任务,形成学校的办学特色,有利于边缘学科、新兴学科的发展。随着经济与科技的发展，社会对各级专门人才的需求有了变化，高校教师的专业结构已明显不能适应这一变化的要求，表现在：①伴随老专业的改造，一些教师难以适应转换专业的要求，出现部分教师相对过剩；②新专业的建设面临师资的严重不足；③同一专业中，基础课与专业课分离，对基础课重视不够，基础课教学师资力量薄弱。

因此，要顺应社会经济发展对宽与业、双与业、复合型人才需求的趋势，拓宽专业基础，打破学科、专业间的界限，选拔、培养具有宽厚专业基础和较强适应能力的专业教师。鼓励高职务、高水平的教师开设基础课，以培养出适应社会发展需要的各类专业人才。

（五）学缘结构

学缘结构是指高校教师来源的构成状况。为了防止和打破学术思想的沿袭守旧，加强不同学术风格和思想的交流与相互渗透，活跃思想，繁荣学术，教师队伍的学缘结构应该是远缘杂交。也就是说，一所高校的教师应来自五湖四海，尽量避免同一源头。在保持教师队伍相对稳定性和连续性的同时，加强与校外教学、科研、生产、管理等部门之间的人才交流，逐步扩大外源教师的比例，优化教师学缘结构。

第六章 高等教育学生管理体制的创新实践

作为 21 世纪的高校人才，应该具备创新精神。未来高校对优秀学生的界定不单只看学习成绩，创新意识应逐渐成为评定学生优秀与否的参考依据。面对自主意识不断强烈的高校学生群体，高校应当更新学生管理理念以符合学生特点，树立思想政治教育＋服务＋学生自主发展的学生管理理念，促进学生发展。

第一节 我国高校学生管理体制发展趋势

高校学生管理的目标应是促进学生发展，同时包含教育、管理、服务职能。在未来学生管理过程中以人为本，充分发挥高校学生管理的育人功能，注重学生思想品德素养，促进学生自主发展，采用服务型行政事务管理方法，满足学生合理性需求。高校学生管理者在学生管理过程中只是起着辅导的作用，充分体现学生的主体地位，信任学生的自我管理能力，以思想政治教育＋服务＋学生自主发展为理念开展学生管理。

一、未来高等教育在校学生的特征

（一）个人自主意识彰显

随着社会经济利益分配沿着竞争规律流动，市场经济的一个突出特点是按照市场法则平等竞争。社会政策对个人利益表示承认和肯定。因此，市场经济不仅从经济上要求独立个人的形成，而且在观念上要求强化人的主体意识。

当前以及未来的高校学生处于市场经济这一大环境，首先应具有较强的自主意识。这种自主意识一方面表现为要求对自身价值、自我尊严的追求；另一方面表现为自我意识、民主意识、平等意识等新观念的蓬勃兴起。就业市场的竞争，关心个人发展机遇，自立、竞争、公平、效率等时代意识强烈，这使高校学生更加注重自我完善，表现出对市场经济亟须的新知识以及新技能的强烈求知欲。高校学生积极思考并明确自身价值，及时确定人生坐标，最大限度地实现自我价值。

（二）注重个人创新意识培养

未来的高校学生首先具有较强的自主意识，其次注重个人创新意识的培养。创新是一个民族进步的灵魂，是一个国家兴旺发达的不竭动力。

随着我国经济的不断发展，需要更多的创新人才。学生对事物所持有的兴趣与好奇心是培养学生创新意识与创新精神的前提条件，要激发学生的学习兴趣和好奇心，高校在学生管理过程中应做到以下四点。

（1）营造利于学生独立思考、自由探索、勇于创新的良好校园氛围，尊重学生的个人选择，善于挖掘学生个人的潜力，鼓励学生个性发展、自主发展。

（2）建立有利于选拔创新人才的制度。

（3）制定评价创新人才标准。

（4）制定灵活多样的课程选修制度，给予高校学生条件支持，开展国际合作等方式，从而培养具有创新精神和创造能力的人才。

二、思想政治教育+服务+学生自主发展的学生管理理念

（一）学生管理理念的理论基础

1. 存在主义哲学理论

存在主义强调人的存在先于思维、行动，重视个体独立性的存在。人不仅存在理性的一面，也有非理性的一面，追求的是多样的发展，而不仅只是掌握更多的理性。尽管个人发展方向不同，但自我提升的权利是平等的，因此，应相信每个人自身都具备独立性、责任性和社会性。

存在主义认为，学生管理者应激发学生的主观能动性，培养学生的独立性、责任感和社会性行为，为学生的学习提供便利，促进学生自主学习。学生管理者应为学生自我合理需要提供服务，与教学工作者一起为促进学生的自主发展而共同努力。

2. 心理学理论

学生发展理论对高校学生管理工作有着重要指导作用，其中主要是关于人的发展，认知和道德的发展。

(1) 关于人的发展

美国艾里克森提出心理社会发展阶段理论。主张人的一生可分为连续而又各不相同的 8 个阶段，每个阶段有其特定的发展任务，并且带有普遍性的心理社会危机。大学生处于成年早期，这一成长时期的主要发展任务是获得亲密感，避免孤独感，良好的人格特征是爱的品格。尽管艾里克森并没有非常详细地研究大学生这个群体，他更多的是从出生到衰亡整个人生历程来划分和研究。但他认为，社会环境决定着心理危机能否得到有效的解决。

高校学生管理工作要根据学生相应的发展任务，提供学生需要的辅导，把握学生心理发展规律，帮助学生解决心理困境，传授有关心理知识与技能，增强学生的抗压能力，获得良好的心理素质，促进学生自主发展。

(2) 关于认知和道德的发展理论

瑞士心理学家皮亚杰提出认知发展的本质是适应，而适应的实质是主体与环境的平衡。平衡是主体发展的心理动力，人一生下来就是环境的主动探索者，不断地去追求符合环境要求的动态平衡状态。

关于道德发展理论，美国柯尔伯格认为，道德发展具有固定不变的顺序，环境和社会文化因素可以决定道德发展的内容和速度，但不能影响道德发展顺序。

皮亚杰的认知发展理论和柯尔伯格的道德发展理论都说明了环境对人的认知和道德的影响，对于学生来说，学校这个环境有着举足轻重的地位。因此，高校的学生管理工作应借鉴学生发展理论为树立思想政治教育＋服务＋学生自主发展的学生管理理念提供参考依据。

（二）学生的管理理念分析

思想政治教育＋服务＋学生自主发展理念主要基于哲学和心理学的理论提出，在学生管理实践中，高校要加强对学生的思想政治与思想品德教育，应采用服务型行政事务的管理方法，促进学生的自主发展。

1. 加强高校学生思想政治与思想品德教育

提出思想政治教育＋服务＋学生自主发展的学生管理理念，首先应加强对高校学生的思想政治与思想品德教育。从古至今，我国就一直重视学生的品德、道德。《左传》记载：太上有立德，其次有立功，其次有立言，虽久不废，此之谓不朽。意思表示为，道德修养是人生的最高境界，其次是建功立业，再次是著书立说，树立道德是人生的第一位。

学生的品德教育是教育家陶行知身体力行的教育，道德自律的办法是他在教育学生一贯的要求。当人们对自己的罪行或过失负有责任时，就会产生强烈的不安、羞愧和负罪的情绪体验，即内疚。内疚者往往有良心上和道德上的自我谴责，并试图做出努力来弥补过失。适度的内疚感有益于改善人际关系，更好适应社会生活，而过多的或过少的内疚感不利于学生身心健康发展。因此，个人的道德是社会公德的基础，只有个人的道德建立起来，才有资格谈及社会公德。

"光有品行没有知识是脆弱的，但没有品行光有知识是危险的，是对社会的潜在威胁。"教人做人是高等教育的重要目标，高校学生要做有道德的人，只有在道德的基础上，才能做人中人，即做追求真理的真人，在追求真理的道路中，敢于做有创造的人，敢于作为真理而献身的人，将真善美的人格集于一身。

对丰富高校学生管理理念，落实立德树人要坚持一切从培养创新人才出发，将科学精神、思想品德、实践能力和人文素养的培养贯穿于人才培养的全过程，着力提高学生的社会责任感，培养学生的创新精神和实践能力，加强学生的思想政治与思想品德教育。

2. 采用服务型行政事务管理方法

设立完备的学生管理机构服务于学生需求，更直接地为学生学习提供便利，将高校学生事务管理与学术管理结合起来，共同促进学生学习和个人发展。学生与学校的关系是平等对话的关系，学校尊重学生的权利与人格，关心学生的学业进步、品格塑造与心理养成，通过各种服务型事务类的管理，为学生的学习、生活服务及自主发展提供保障。

3. 深化学生管理体制改革，促进高校学生管理民主化

我国高校管理制度不断地深化改革，推进民主化。推进高校管理民主化的重要表现是在高校学生管理方面，给予学生更多的自主管理权力。高校应从四个方面努力。

（1）制定相关制度鼓励学生进行自主管理，在宏观上给予方向性指导。

（2）鼓励学生参与高校学生具体事务管理。

（3）鼓励学生成立各种社团，如学生会、青年志愿者协会、管理日常学生事务。

（4）学校设有主管学生工作的机构，在宏观层次上给予指导，负责审批学生社团，指导学生会工作的开展。学生管理是以学生发展为导向的教育活动，最终目的是服务于人才培养，学生得以成长成才。

通过学生自我管理从而促进学生自主发展，是高校学生管理的最高目标。高校在学生管理过程中需营造宽松的氛围，让学生自主发展，尊重学生个体选择，充分发挥学生的个人兴趣与特长，挖掘每个学生的优势潜能，这是未来高校学生管理所追求的。而要达到学生自主发展，需要在教育价值取向上确立个体人的生命价值，而不是强调教育的社会工具价值。树立正确的学生观，在学生管理过程中重视学生的需要、兴趣、创造力和自由，充分尊重学生的尊严、潜能和价值，重视培养学生的主体性，使学生成为有进取意识和创造精神的社会主体。

我们要将思想政治教育＋服务＋学生自主发展的理念贯彻到高校学生管理工作之中，不仅在观念上重视学生的思想政治教育，最重要的是将学生的思想品德教育落实到实际管理中去。采用服务型行政事务管理方法，满足学生各种服务型需求。高校学生管理者在学生管理过程中只是起着辅导的作用，只有充分发挥学生的自我管理能力，营造宽松的氛围，才能促进学生的自主发展。

第二节　我国高校学生管理专业化取向体制

一、高校学生管理工作概述

高校学生管理工作既是职业的一种类别，也是高校教育中的一项基本任务。

（一）高校的主要任务是培养高素质、高技能的人才

以满足社会发展对人才的需求，为国家的发展建设培养接班人。高校对人才的培养不仅是专业知识和技能的传授，还包括对学生的适应能力、人格形成、道德建设等多方面素质的培养。高校学生管理不仅为高校教学服务，更对学生形成正确道德观、价值观、人生观具有重要的作用。高校学生管理工作经历了长时间的探索和发展，在管理体系、管理理念、管理方式和人员配备方面日趋成熟。

（二）高校学生管理是一门具有很强实践性的学科

它将教育学、管理学、心理学等多种学科加以融合，具有综合性特点。随着教育改革的持续进行，高校学生管理工作不断探索、不断发展，已从重单方面的说教、灌输模式逐渐向以人为本、服务化和制度化的方向转变。高校学生管理工作涵盖范围广泛，以引导学生思想的正向发展、为学生生活需要服务、指导学生就业发展、对学生进行心理健康的维护等多方面为工作内容。

（三）高校学生管理走科学化的发展路线

国内的高校长期以来并没有将学生管理工作作为一个单独的学科，高校的行政化管理机制使工作在一线的学生管理从业人员仅作为管理工作的执行者。为提高我国高校学生管理工作，应走科学化的发展路线，既要有明确的管理目标、完善的管理体系、正确的管理理念，还要有高素质的管理人员职业发展与培训规划、方法，建立职业化、专业化、高素质化的高校管理工作人员队伍，这对于高校人才的培养具有重要的意义。

二、高校学生管理走专业化发展道路的必要性

高校教育是国家人才培养的重要行业，为社会各行各业的发展培养专门的人才，是国家发展的主要推动者。任何一个行业的发展，都是从不成熟到成熟再到专业化的过程，每一种行业分工最终的发展趋势都是具体化、专业化。

（一）职业发展的专业化

无论对于从业者本身的发展还是整个行业的发展都具有非常重要的意义。学生管理的专业化是将学生管理工作作为一个专门的学科类别，同会计、法律、金融等专业一样，具有更强的专业性。从业人员也同其他从事专门性职业的群体一样，具有更专业的知识素养，为社会培养本行业的专门人才。现今我国高校学生管理工作对管理和被管理两方来说，是服务与被服务的关系，强调的是双方的互动性。学生是服务的主体，占据着主动的地位。为了满足对新一代大学生的管理需要，高校学生管理者必须了解现代大学生的心理特点，用更加专业的知识和理论，采取更加专业的管理方法，做好现代高校学生的管理工作。

（二）培养实践性和业务性强的职业素养

传统的观念认为，高校学生管理工作者不需要像高校中的专业教师那样具有高学历、高知识储备，无论谁来干都可以胜任此项工作。其实从本质上来说，高校学生管理工作是集教育学、管理学、心理学于一体的综合性学科，其专业性强，专业要求高，从事学生管理工作的人员在专业素质方面的要求更高，而且要具备丰富的实践经验。具体来讲，学生管理工作人员不仅具有教育学、管理学、心理学等学科理论知识的储备，还要具有能够亲力亲为指导学生的社会实践工作、学生的日常工作、学生的心理健康、学生学习生涯的规划、各种专

业特色研讨会的开展、学生活动的组织以及学生就业指导等实践性强和业务性强的职业素养。

（三）为高校教育事业服务

学生管理只有走专业化的发展道路，才能从根本上提高学生管理工作的质量，为高等教育事业服务。

三、高校学生管理工作专业化理念的建立

随着高校教育改革的深化，高校内部管理进行着根本上的更新和变革，学生管理工作已经呈现出专业化的发展趋势。职业经过分化和发展，必然形成专业，从而形成强调专业知识和技能的职业。

（一）专业分类的角度

专业是指群体经过专门的教育学习和训练，具有高深的、独特的专门知识和技术，按照一定标准进行职业活动，从而解决人生和社会问题，促进社会进步并获得相应报酬待遇和社会地位的专门职业，可以说，现如今高校学生管理工作已符合职业专业化的标准。

（二）社会的角度

现在学校管理学知识体系日益完善，在国内高等院校的教育学院都有教授教育管理学的内容，在一些高校管理中已经有自己特定的管理方式和技术形成。另外，在高校内部对学生管理工作从业人员的知识技能已经有了一定的要求和标准，高校越来越重视学生管理工作从业人员的业务培训。而且，从社会角度来看，高校管理职业在社会中已经是一个职业阶层存在。

（三）专业发展的维度

作为高校教育管理专业人员，获得系统而明确的专业理论知识是专业发展的又一重要维度。高校管理的教育性、综合性与复杂性要求高校学生管理工作者更应具有符合教育者、领导者和管理者角色要求的知识结构。专业伦理是高校学生管理工作专业最根本、最直接的体现，它包括从业者的职业道德、行为规范以及高校学生管理工作者的专业态度和动机，而专业态度和动机又是专业特征形成和发展的动力和基础，自我专业发展意识是保证高校学生管理工作者不断促进自我专业发展的内在主观动力。

四、高校学生管理工作专业化的制度保障

高校学生管理工作受多方面因素的影响和制约，学生管理工作制度不仅是高校学生管理工作中最重要的影响因素，而且是学生管理工作开展的基础，为学生管理工作的贯彻落实提供制度支撑和保障。对于高校的发展而言，不但要加强硬件方面的建设，努力提升学生管理工作的实用价值和实际效果，在软件方面要建立健全学生管理工作制度，为学生管理工作的开展提供有力的制度保障。

（一）以制度形式明确学生工作管理的岗位

高校出台一系列的制度、规则或者年度工作规划要明确学生管理工作的地位，不仅为学生管理工作提供制度保证，还要有一定额度的配套服务经费的划拨，在经济上给予支持，从制度和财力、物力等方面共同为学生管理工作的有效、健康发展提供支持和保障。随着教育形势的发展，高校学生管理工作应该与时俱进，根据形势的变化及时做出调整，使其与社会和教育的发展相适应。因此，明确学生管理工作在学校总体工作中的地位，遵循学生管理工作的服务宗旨，建立健全相关人员准入、考核、评比机制对提高学生管理工作显得十分重要。

（二）以制度形式确保学生管理工作岗位的职业化

高校学生管理工作岗位具体包括：对学生进行思想政治的管理，心理健康的管理，为学生就业提供指导，进行法律法规教育，进行学生社会实践管理等。这些工作细化到学生管理工作的各个部门，对于部门岗位，应该建立明确的制度和规则，为管理工作的执行提供保障，确保岗位工作人员具有过硬的专业知识和专业技能。

岗位人员在选拔和聘用的过程中，除了理论基础知识以外，对于思想政治岗位的工作人员要求具有本专业的知识素养；心理健康管理岗位的工作人员要求具有心理辅导的经验，并通过国家认可的执业资格认证考试；在法律教育岗位的工作人员要具有法律专业知识并具有丰富的经验，这些岗位都需要有规范的制度提供保障。

（三）采用艺术性学生管理模式、制度激励创新

高校学生管理工作的主要对象为大学生，大学生是青年群体中的典型，具有自身的特殊性。在大学生群体中工作，为他们提供服务，对各种事件处理的

好坏直接对大学生人格的形成和社会认知及人际关系的培养有着重要影响。因此，艺术化学生管理培养模式，使学生在接受学校管理工作过程中，不流于表面，而是发自内心的认可。将教育管理深入打动学生的内心，使学生在社会交往的层面上得到正确的认知，这是学生管理工作的意义所在。

以制度化的形式采取适度的激励，使学生管理工作人员优秀的工作表现和成果受到认可和鼓励，会激发工作人员的工作积极性，对工作更有兴趣，勇于创新，从而在整体上提高学生管理工作的质量。

综上所述，高校学生管理工作的职业化强调高校学生管理工作是一个独立的社会职业，而高校学生管理工作的专业化则要求提高高校学生管理工作从业人员的专业水平。通过高校学生管理工作专业化，进一步发展高校学生管理工作的专业精神、专业知识、专业能力和专业伦理，提高高校学生管理工作者的专业水平。

第三节 我国高校学生管理人本化取向体制

教育的发展、管理制度建设的出发点就是要把学生的根本利益和发展放在首要位置，真正将以人为本的科学发展观运用到具体的教育管理实践之中，首先要从建构人性化制度着手，从促进学生全面发展的角度出发，坚定"以生为本"的信念，赋予学生应有的权力并建立健全柔性管理机制，加强高校人本化学生管理来顺应当今高校学生管理制度的需求。

一、坚持"以生为本"的管理理念

建构人本化高校学生管理制度，转变传统的高校学生管理思维，树立"以生为本"的管理理念，实现学生的全面发展是现代高校教育的出发点和落脚点，实现高校学生人本化管理制度是创新探索符合高校学生心理行为新特点的管理模式，是做好高校学生管理的基础和有效途径。"以生为本"的理念是人本化管理理念的题中之意，"以生为本"应以满足学生需求、促进学生发展、实现学生价值为本，"以生为本"最简单的理解就是把满足学生的需求作为学生工作的目标和核心。

做到以学生为先，把学生的培养放在高校一切工作的首要位置；以学生为重，不能因为突出科研工作、国际交流、教学质量等忽视学生管理工作；以学生为主，不仅充分尊重学生的主体地位，而且要在管理中以学生为主，让学生自我教育；以学生为荣，把培养高素质的学生和学生取得的荣誉看作各项工作最大的成绩。随着教育的发展、管理制度的改革，高校学生管理的出发点更是要把学生的根本利益和发展放在首要位置，真正将以人为本的科学发展观运用到具体的教育管理实践之中。

（一）坚持"以生为本"，构建生本性思维

长期以来，在高校学生管理工作中，管理者和学生这两个主体之间处于一种不平等的地位，高校往往把学生管理工作宏观地看成高校工作的一个环节，从学校利益衡量学生的管理。相比之下，忽略了学生主体的需求，严重束缚了学生的自我意识、独立意识和主人翁的意识。

"以生为本"的管理理念，要求学生管理工作者打破传统的"以师为本"或者"以校为本"的管理理念，充分认清"我是谁""管理依靠谁""管理为了谁"，从学生管理工作的实际、学生这个核心群体的实际出发，考虑主体的根本需要，针对学生的特点，尊重学生的权利，甚至发挥管理者的激励引导作用，特别是在保护学生合法权利，不能以片面的集体主义牺牲学生的合法权利，提高对每个学生个体的重视程度，使学生获得全面个性的可持续发展，使国家与学校的人才培养目标和学生的成长需求相结合，从而得到真正的统一。

（二）坚持"以生为本"，凸显管理型服务

现代高校管理理念普遍认为对学生的管理实际上都是为学生的成长和发展而服务的。学生在发展的过程中需要什么样的管理，高校应当把这种管理作为一种服务提供给学生。这种服务型管理把管理学生、教育学生和服务学生三者有机结合起来，特别是要凸显管理服务于学生的理念。

在管理制度建设、规章制度的定制上、管理者的管理实践和实施上都要摆正自己的位置，树立管理服务而不是服务管理的意识。彻底改变过去片面强调学生对整体社会的价值义务，把学生的主体价值放在社会整体价值之内，充分满足学生的生存和发展需求，促进学生个人价值实现和集体价值实现的有机统一。这既是现代教育的发展趋势，也是新形势下实现管理型服务的现实需求。

（三）坚持"以生为本"，彰显个性化发展

由于内外环境的多样化，每个学生必然存在着不同程度的差异，并且这种差异很难随着主观意志的转移而转移。以生为本就是要承认并尊重学生的个体差别和个性差异，顺应学生身心发展规律，因人而异，因材施教。高校大学生

都是具有独立思考能力的个体，是充满朝气和活力的，同时这个群体也引起社会各界的高度重视并寄予厚望，因此在尊重学生个性差异的基础上，还要从整个国家和民族的高度对学生进行引导、规范和管理。

从学生个人的内外成长环境上看，在个人认知和性格特点上都存在着差异，因此在注重学生差异化的基础上，还要对学生个人的成长道路、思想道德等进行有针对性的引导，在学习和生活当中需要让每个人的思想都能在这个群体中闪光。

二、更新优化学生管理制度体系

制度伦理化和伦理制度化都属于制度伦理研究的范畴。制度伦理化是指社会体制的道德性，表现为内在于一定体制的制度、法律、法规、政策、条例等所分配权利和义务的公平性和合理性；伦理制度化是指人们把一定社会的伦理原则和道德要求提升，规定为制度，并强调伦理的制度化、规范化和法律化。无论是制度的伦理化还是伦理的制度化，对实现当代高校学生管理制度体系都有理论意义和指导意义。

制度伦理化与伦理制度化是密切制度与伦理之间关系的两种不同思维路向，前者重在对制度本身进行道德上的评判和矫正，通过内容的建构促使伦理原则和道德观念在制度中的渗透与落实；后者强调将某种社会倡导、公众认可的道德规范转变成为具有强制效力的制度。两者在管理秩序的重整与道德建设中发挥着各自不同的功能。在构建人本化高校学生管理过程中，制度的伦理化更应当成为制度优化、创新的首要选择。制度应该伦理化，不合乎伦理的制度是没有生命力的；同时，伦理也应该制度化，符合人们广泛认同的道德标准和审美取向的伦理通过制度化以后，更有利于发挥其作用。

学生是高校最核心的主体，是高校服务的对象。高校的责任和义务就是帮助学生实现全面发展。在高校学生管理制度创新的过程中要坚持制度的伦理化、伦理制度化的"两手抓"。对不符合伦理规范的制度进行调整，补充符合伦理规范的新制度，这本身就是一种重要的创新。

（一）更新学生管理制度体系建设理念

1. 融入文化管理机制

在高校学生管理的实践中，全面提高学生的自我约束能力和理性自主能力是高校管理发展永恒的追求。人类的基本行为是由文化来决定的，由于文化的变化很大，所以对人性唯一正确的判断是它的可塑性很大。人与文化的关系是密不可分的，文化可以塑造人、引导人、管理人。高校人本化学生管理就是要突出学生在学习和生活中的主动性、主体性和自觉意识，高校管理文化不仅包含育人理念、学术发展空间、办学特色等要素，也包含管理人员所形成的管理文化，每一种文化的形成都是多种文化主体互相协调、作用而成的，高校人本化学生管理最重要的目的是唤起学生的文化自觉性，用优秀的文化潜移默化影响学生的行为，最终形成文化管理。

以文化来取代制度，当然不是取消制度，而是制度要人文化，具有人文色彩，充满以人为本的文化温情。因此，高校学生管理制度应该与人文精神、价值观念、行为准则和道德规范融为一体，得到学生对高校的管理理念和管理价值取向的高度认同，提升学生的使命感、责任感与荣誉感，增强学生对学校文化的向心力和凝聚力。刚性的制度管理为文化管理起到了重要的保障和支撑作用，文化管理使制度管理得到升华，文化管理充分体现了高校作为文化机构管理的科学化、人本化。

2. 建立柔性化管理机制

传统的高校学生管理理念强调的是对大学生的思想和行为进行严格的要求和规范，强制性特征明显，但这可能直接导致管理者和被管理者在情绪方面的对立。因此，要把传统的服务于管理的观念向管理服务的观念转变。建立柔性化管理机制，需要做到以下几点。

（1）要建立"以学生为服务主体"的观念，把服务学生作为出发点和归宿点，想学生所想的最主要的问题，关心学生关心的最主要的问题，解决学生最渴望解决的问题。

（2）柔性化的管理机制要把激励引导当做学生管理的主要手段，通过制度上的激励引导学生树立远大理想抱负，专注求学，养成科学的思维方法，特别是在学生的思想"总开关"上下文章，指引学生实现个人的成才梦。

（3）柔性管理机制的建立要把学生的主体创造性放在重要的位置，不能像过去那样，只谈义务不谈权利，要明确告诉学生在校期间享有的合法权利和应当履行的义务，把权利和义务写进制度的高度并加以保护，在保护学生的权益方面，特别是在针对学生的处分决定，要做到程序正当、证据充足、依据明确、定性准确、处分恰当，避免学生和管理者产生硬性冲突，学校对学生的处分或处理要认真贯彻《普通高等学校学生管理规定》，学生享有陈述、申辩和申诉的权利，学校要有明确的程序并予以确保。

（4）建立柔性化的管理机制要发挥学生主体能动性，变被动管理为主动管理。高校学生管理工作应当充分发挥学生的力量，变被动服从管理为主动参与管理，这种转变是民主理念的要求，也是缓解消除高校学生管理中的矛盾和抵触情绪的重要手段，这种管理不仅促进了高校学生管理的发展，而且培养了高校学生骨干的能力素质，有助于高校学生培养自主、自立的意识，逐步消除对家庭、社会、学校的依赖，使学生在思想上得到进步。学生参与到管理中也是对管理工作理解的过程，通过这种过程，高校学生不仅得到能力素质的锻炼，更是对制度存在的主观情感的转变。

（5）柔性管理机制的建立要与高校文化繁荣发展接轨。近年来，高校文化呈现多样化发展，这种软的因素对学生心理和思想因素的影响也日益凸显，从正式上讲，这种文化的导向集中体现在大学精神的凝练，非正式来说，就是存在高校各个角落的文化活动。这种蕴含在文化活动中的价值引导力，最容易被学生接受，对学生的作用力不容忽视。因此，在建立柔性管理机制的同时，应当深刻把握文化对学生产生的深远影响，更应在意识形态领域加强对学生的管理服务。

3.建立制度反馈机制

及时做好学生意见的处理工作，是当前制度改革所面临的重要任务。高校要建立健全有效的学生制度反馈机制，在信息交互和反馈的过程中，学生意见的反馈和解释直接关系到制度的合理性，执行力与落实情况。学生与管理者之间可以相互表达自己的想法、倾听他人的意见，有利于达成共识并形成共同的愿景。

学校应该设立学生管理制度反馈部门，收集学生对学校管理制度的意见，高校各职能部门将收集的信息进行分析整理，研究并制定改革方案。同时，要做到反馈及时化、经常化、规范化。学校要向学生公开学校工作计划、进程等相关内容，学生应享有对高校各个职能部门的监督权，确保高校管理制度民主化、规范化。高校要从人本化的角度对学生权利制度进行完善和重构。

（二）优化学生管理制度体系实现途径

为了进一步推进人本化高校制度建设的进程，建议做到如下方面。

1.推进政校分开、管办分离

将现代学校制度的实施进一步深化，积极探索适应我国高校实情和学生发展的管理制度，从宏观的角度上，要努力构建政府、学校、社会之间的新型关系。

第六章　高等教育学生管理体制的创新实践

2. 落实和扩大学校的办学自主权

围绕《高等教育法》规定的七个方面的办学自主权，以转变职能和改变隶属关系为重点，加强高校在办学方面的选择。具体来说，要自主开展教学活动、科学研究、技术开发和社会服务，自主设置和调整学科、专业，自主制定学校的规划并组织实施，自主设置教学、科研、行政管理机构，自主确定学校内部收入分配，自主管理和使用人才，自主管理和使用学校财产和经费。同时，要大力支持高校开展国际交流合作，提高国际化水平。

3. 完善学校内部治理结构

完善党委领导下的校长负责制，形成科学有效的决策方式。完善大学校长选拔任用办法，发挥学术委员会在学科建设、学术评价、学术发展中的重要作用。探索教授治校的有效途径，加强教职工代表大会、学生代表大会建设，激发学生参与管理的内在动力，发挥群众社团的作用，积极借助社会力量加强学校的学生管理。

4. 加强大学章程建设

教育主管部门要积极落实对大学章程的审批工作。及时出台相应的大学章程报送审批制度，制定各类学校的办学标准或按学校类别出台不同类型学校的章程样稿。多种形式宣传大学章程的价值和相关理论知识，提高相关主体对大学章程的认识和建设大学章程的自觉性。大学内要提高对大学章程的认识，成为学校章程建设的表率。学生管理的相关主体通过多种形式加强对大学章程的认识。

5. 扩大校企合作

探索建立高等学校理事会或董事会，健全社会支持和监督学校发展的长效机制。

（1）在学校建设的物质投入方面和项目研发上，加强和企业合作促进知识的价值实现。

（2）在人才输送和学生就业方面，通过和企业的合作，帮助学生树立正确的目标和价值观念。

6. 推进专业评价

鼓励专门机构和社会中介机构对高等学校学科、专业、课程等水平和质量进行评估，通过定量、定性的指标和不确定性指标的综合衡量，包括学生和家长的满意程度，学生的就业、发展情况，形成中国特色学校评价模式。

三、发挥学生在管理制度建设中的主体作用

发挥高校学生在管理制度建设中的主体作用,既是符合高校学生管理特征的现实需要,也是推进高校学生管理制度确实服务学生发展的必由之路。

传统的高校学生管理制度建设无论是参与者还是制度本身的理念、内容,更多体现着校方意志和管理需要。随着现代高校管理理念被普遍接受和高校学生群体的自主性不断增强,传统的由管理者主导的制度建设越来越难以适应管理的现实需要。高校学生管理必须根据大学生的年龄特征和心理特征,充分调动和激励学生的内在积极性、主动性和创造性,确立大学生在对于自身管理中的主体地位,发挥大学生在管理制度建设中的主体作用。

以生为本的管理理念在制度建设中的体现就是要尊重学生的主体地位,尊重学生的主体地位首要就是承认学生的主体价值,学生作为社会上的人,除了要致力于实现社会的整体价值,还要实现自我价值,这种自我价值通常表现为对其自身生存和发展需求的满足,以及对学生人权的尊重等。因此,在管理制度建设中,要充分认清并尊重这样的现实状况,要在制度建设上尊重学生的主体地位,首要的就是要反映高校学生价值的实现。

(一)推进依法治国在高校学生管理领域的落实

从法律上确定高校学生参与学生管理制度制定的权利,特别是让高校学生在涉及切身利益、敏感问题,如收费、处分等方面有充分的参与权和自由的发言权。

(二)可以依托学生这个被管理群体,实现学生自主化管理

有效地减少管理主体和客体之间的冲突。陶行知说过"最好的教育是教育学生自己做好自己的先生",最主要的是要在制度的内容上,多给予高校学生自主管理的权限范围,确实把学生看作一个可以信赖的、能动的主体,在尊重学生意愿的基础上,实现学生的自我管理和自我发展。

(三)依靠学生构建制度建设的矫正机制

实践是检验真理的唯一标准,人本化高校学生管理制度建设中,必须在管理实践中不断发挥学生的主体作用,及时收集反馈制度建设存在的不足,坚持以学生的发展作为出发点。学生主体也应当在矫正机制中起到主要作用。

当前，高校在学生管理过程中最重要的任务就是要增强其管理服务意识，传统的高校学生管理制度的影响还长期存在，要真正体现学生的主体意识还要彻底解放思想，要从传统的社会价值向注重学生的全面发展转变。学生实现自我管理的意识，学生地位由传统的管理客体向管理主体转变。特别是在制度建设中充分唤醒学生的主体意识，激发他们的积极性和创造性。

四、推进学生管理的差异化与个性化

高校学生群体多样化已经成为高校最主要的特征之一，集中体现在每个学生的成长环境差异、发展需求上的差异等方面，要求在高校学生管理制度建设中正确把握其共性和个性，特别是对特殊学生群体的政策在制度建设上应当进一步完善。主要针对特困生群体、成绩落后的群体、不被重视的学生群体、待就业的学生群体、情感受挫的学生群体、意志薄弱的学生群体、适应能力差的学生群体等应当有相应、具有针对性管理的制度和措施，这些群体中存在不同程度对待高校学习生活消极被动，在制度构建和管理实践中必须突出这些管理的重点和难点。全面开展大学生特殊群体普查工作，了解和掌握他们的真实情况。在加大日常管理力度的同时，还要特别注重以下几点内容。

（一）要更新高校学生思想教育体系

人本化高校学生管理要求高校必须把思想政治建设摆在各项工作的首位，贯穿在高校育人的全过程，探索完善适应新形势和高校学生新特点的学生思想政治教育领导机制和工作机制。帮助高校学生特别是特殊学生群体树立正确的世界观、人生观、价值观，树立崇高的理想和道德追求，特别是要提高高校学生辨别是非的能力、忍受挫折和逆境的能力，学会正确地对待和处理学习和生活中出现的实际问题，学会融入环境实现发展。

（二）要健全高校学生心理疏导工作机制

当人们面对理想和现实的差距时，或多或少会出现失望、焦虑等负面情绪。如果自我调节无法消除这些负面情绪就容易发展成为心理问题。因此，高校学生的心理疏导工作必须立足帮助学生解决实际困难，消除心理困惑，使其心理和人格向健康的方向发展。

（1）高校一方面应当建立完善心理咨询机构，并且让这种咨询机构流动起来，服务在高校学生特别是特殊群体之间，主动靠上去做工作。

（2）应当对教师、学生管理者甚至是学生干部开展广泛的心理疏导相关培训，把心理疏导能力作为衡量高校学生工作者的重要指标。最主要的是要形成常态化的学生交心、谈心制度，及时了解学生的真实情况和实际想法。尊重每个学生的个性思想，立足尊重和促进学生的全面发展，做好心理服务工作。

（三）创造良好的人际氛围

高校有自己独特的文化和环境，人际氛围是由学生群体创造的，也影响着每一个高校学生。和谐、友爱、平等的人际氛围，不仅能陶冶学生的情操、开阔学生的胸怀，而且能消除或缓和人际交往上的矛盾。高校必须从思想上宣扬主旋律，把提高学生的道德水平作为基础，营造互帮互助、民主平等、宽以待人的人际交往氛围，消除学生群体之间的隔阂，消除特殊学生群体的孤立感。

五、完善大学生的维权机制

由于高校学生的利益纠纷往往局限在校内，因此高校学生的维权机制也应当立足于校内。在高校学生维权机制的构建中，虽然各个要素的地位和作用不同，但是整个机制运行过程中，每个要素之间都存在着非常紧密的联系，每个要素都体现着整个维权机制的综合作用和功能，都是为了最大限度地保护高校学生的合法权益。

（一）高校要明确大学生维权机制的主体

进一步明确高校学生的权益由谁来维护，最要紧的就是要明确高校学生在高校中的地位及学生和高校之间的关系。高校应当主动承担维护学生合法权益的义务，不能忽视、重视高校学生的任何一项权益。作为学生管理者，不能把学生的管理当做简单一种制度维护，必须时刻记住自己是学生的服务者，是学生权益维护的第一责任人，高校的各个部门对学生的权益都有保护的义务，特别是不能因为学校的利益忽视学生的利益，为了部门利益侵犯学生的利益。

学生是权利的主体也是维护自身权利的维护者之一，既要明确、正确对待自己的权利和义务，不能容许权益被侵害，也不能因为维护自己的权益侵害学校或者其他学生的合法权益。

（二）需要对相关制度进行维权

高校学生维权制度的建立是完善高校学生维权机制的关键。制度是高校学生维护合法权益的硬件，维权机制是高校学生维护合法权利的软件，只有软硬件相结合才能确实保护好高校学生的合法权益。只有建立维权相关制度，高校学生的维权工作才有依据，才能有根本的保障，才能长期坚持下去。

我国高校应在坚持完善原有内容的基础上，建立学生参与高校管理制度，让学生作为一个独立的群体参与高校各项规章的制定，特别是在涉及学生相关利益的问题上，保证学生的全过程参与。

（三）要建立维权的传感体系

信息之间的有效传递是维护高校学生利益的重要保障。不但能在侵犯学生利益的行为发生时采取有效的措施制止，而且能够在必要的时候给予帮助和挽救。此外，高效的传感体系能够将种种矛盾逐步反馈，避免量的积累达到质的变化。在维权机制尚未健全的过程中，高效的传感机制的作用是不可替代的。

既要在学校的组织内建立传感体系，又要在学生组织中建立，并且要实现两个系统之间的有机结合。

（1）高校要努力形成以学生为主、为学生服务的意识，让学生有地方说出自己的想法。

（2）要加强高校学生维权的意识和责任，不但能大胆说出自己的想法，而且要保证信息的真实性和客观性。有效信息的传递是维权工作变被动为主动的重要途径，也只有一个高效的传感体系，维权工作才能落实到每个学生的身上。

第七章　高等教育教学管理的创新实践

第一节　高等教育教学方法创新

高等教育教学方法创新路径是高等教育教学方法创新活动中重要的实践要素。对这个问题的研究，既可以是对过去或现存状态的追寻或总结，也可以是对未来教学方法创新的价值建构。无论是过去已经存在的创新方法还是未来需要着力改进的新的创新方法，无论是各种自创的创新方法还是学习借鉴而来的教学方法，都值得推崇，但都要客观地分析教学方法具有人文环境的适应性和技术支撑条件的差异性，不能盲目。

高等教育教学方法创新的基本路径构建，科学性和新奇性是两个基本依据。教学方法的内在规定性是价值实现和感受共存，这对教学方法创新实践同样具有理论指导意义，"价值"是科学性创新路径的规定，"感受"是新奇性创新路径的规定。

高等教育教学方法创新策略，必须提示两点：第一，在方法创新过程中，合理借鉴其他国家的高等教育教学方法是一个有效途径，这个途径不是在说明那些方法的好坏，而是提高教学方法的丰富程度，即感受性的最大特点就是丰富性，不然，师生对于教学方法的感受共鸣就是贫乏的；第二，要重视教学方法的人文环境适应性和技术支撑条件的差异性的存在。在学习借鉴时，要根据不同对象并分析该方法创制的原始背景，加以利用，并注意克服推行过程中的技术限制因素，尝试其他途径或通过相关技术解决问题，这本身属于创新思维范畴。结合创新理论原则和高等教育的教学方法的历史与现状，总结分析得出成功而有效的教学方法。创新方法主要有以下几种。

一、组合法

无论是在自然界还是人类社会，组合创新都非常普遍。就教学方法而言，就是两种或两种以上的方法或方法理论的一部分或全部进行适当叠加和组合，形成新的教学方法。组合法是创新原理之一，也符合教学方法创新实践。组合创新的概率与空间是无穷的。

二、分离法

分离原理是把某一创新对象进行科学的分解和离散，使主要问题从复杂现象中暴露出来，从而理清创造者的思路，便于抓住主要矛盾。分离原理在创新过程中，提倡将事物打破并分解，它鼓励人们在发明创造过程中，冲破事物原有面貌的限制，将研究对象予以分离，创造出全新的概念和全新的产品。教学方法创新的分离法，就是把过去或原有的、司空见惯的方法加以分解，按照一定逻辑关系进行整理，然后突出某一部分，甚至将其扩充放大成为一种等同甚至超越于原来方法作用的新方法。

三、还原法

还原实际上就是要避开现行的世俗规则，即将所谓"合理"的事物设定为"非"，而将事物的原状设定为"是"，就是要善于透过现象看本质，在创新过程中能回到对象的起点，抓住问题的原点，将最主要的功能抽取出来并集中精力研究其实现的手段和方法，以取得创新的最佳成果。教学方法创新与其他任何创新一样，都有其创新原点，寻根溯源找到创新原点，再从创新原点出发去寻找各种解决问题的途径，用新的思想、新的技术、新的手段重新构造方法，从本原上解决问题，这就是还原创新方法的精髓所在。

四、移植法

创新理论认为，移植法是把一个研究对象的概念、原理和方法运用于另一个研究对象并取得创新成果的创新原理。"他山之石，可以攻玉"，移植法的实质是借用已有的创新成果进行创新目标的再创造。教学方法创新活动中的移植法，可以采取同一学科领域的纵向移植，也可以采取不同学科领域、不同地域的横向移植，还可以采取多学科领域、多地域教学方法的理念、思维和方法等综合引入的综合移植。移植能够取得新的成果，在教学方法方面，移植也符合感受共存中的新奇性标准，没尝试过的就是新奇的。

五、逆反法

逆向思维是一种重要的创新方法，逆反法要求人们敢于并善于打破头脑中常规思维模式的束缚，对已有的理论方法、科学技术、产品实物持怀疑态度，从相反的思维方向去分析、去思索、去探求新的发明创造。实际上，任何事物都有着正反两个方面，这两个方面同时相互依存于一个共同体中。人们在认识事物的过程中，习惯于从显而易见的正面去考虑问题，因而阻塞了自己的思路。如果能有意识、有目的地与传统思维方法"背道而驰"，往往能得到极好的创新成果。

六、强化法

强化是一般创新方法之一，它是基于科学分析研判基础上的一种"包装术"，即合理策划。强化法主要对原本一般的方法通过各种强化手段进行精炼、压缩或聚焦、放大，以获得强烈的创新效果，给人以感觉冲击。分析教学名师们的教学方法，很多都是采用强化法，把普通的教学方法"概念化"，或者按照分离法原则把一个普通方法的局部元素加以剥离、充实，并开发到极致、应用到极致。这样获得的教学方法不仅是"新"的，也是"强"的。

七、合作法

高等教育教学活动是典型的深度合作活动，推进高等教育教学方法创新思路之一就是应该从教学活动本源入手。任何教学方法的创新，从创新主体而言，合作的路径是无限宽广的。因为，科学的发展使创新越来越需要发挥群体智慧才能有所建树。早期的创新多依靠个人智慧和知识来完成，但像人造卫星、宇宙飞船、空间试验室和海底实验室等，需要创造者们能够摆脱狭窄的专业知识范围的束缚，依靠群体智慧的力量、依靠科学技术的交叉渗透。

第二节 高等教育教学方法创新评价

推进和深化高等教育教学模式创新实践的一个重要命题是如何开展教学方法评价。教学方法评价的缺失或不当是教学方法创新实践成功的先决条件。因此,建立适合高等教育教学内容、教育对象、教学发展特点的教学方法评价机制,有利于推进教学方法创新实践活动。

教学方法创新评价的起点是教学方法的常态评价,通过对教学方法的常态评价促进教师的教学方法创新,通过教学方法创新评价进一步科学引导教师的教学方法创新实践。教学方法常态评价就是对任何教学活动中教师所使用的教学方法状况及其影响给予分析判断,提出建议。这实际上属于常规教学评价内容,但有时会被忽视。

教学方法常态评价的目的不在于推选出一种或几种最优教学方法,而在于促进教学方法的多元化和有效性,使学生感受得到积极健康的满足,从而激发学习兴趣,增强学习动力,提高教学活动的整体水平和质量。最优教学方法是不存在的,所有有效的教学方法几乎都是组合性和适切性的产物。因此,常态评价的标准不是组织设计性的,而是一种常模状态下的灵活评价标准,符合基本教学方法要素、适应不同教学内容和教学对象,教师和学生的感受趋于一致。

高等教育教学方法创新评价是在教学方法常态评价基础上,用来引导和规范教学方法创新活动的手段之一,评价结果反映教学活动中教师所采用的教学方法的科学性、合理性及有效性。进行创新评价或者评价某个教学活动中的教学方法是否具有创新性,至少应该符合以下四项原则之一。

一、批判性原则

与常态评价不同,考量一位教师的教学方法是否具有创新性,首要的依据不是稳妥、正确,而是方法中的批判性成分,包括该方法对教学内容的常理的、现行结果等是否具有反思维或质疑,对学生的问题意识、探究情怀是否有暗示作用。现行教学方法中的知识讲授、灌输等方法之所以一直被诟病,就在于它们忽略了这些知识产生时的无限批判进程,使知识显得苍白,不能培养学生的问题意识和探索兴趣。在评判原则之下，可以有非常多的具体方法，只要它们具备批判属性，都属于教学方法创新范畴。

二、挫折性原则

无论是抽象的观念还是具体的方法，但凡具有"新"的本质属性，或多或少存在不被立即接纳和认同的境遇，人类社会在漫长的进化史中，有一个共同的经验就是对于"新"既怀有期盼，又保持着戒备。一种新的教学方法被创设或引进到一个教学情境中，必然会有一定风险、会遇到各种阻力乃至反对，一片欢呼、推行顺畅的新方法罕见。教师对风险的评估及是否决定推行为内阻力，而遭遇风险为外阻力。无论是内阻力还是外阻力，都是任何新方法所必须面临的挫折。同时，这种方法本身在实施过程中还含有"挫折"意蕴。比如，项目教学法就使学生在参与实施新方法的过程中体悟探究和推演的复杂性和艰难，在挫折中寻求成功，进而体会新方法的意义和愉悦感。这种方法也是对高等教育学生进行学术品格培育的有效途径之一。

三、丰富性原则

有效的教学方法很少是单一性的，通常是多方法的组合运用。评判一次教学活动或者一位教师一贯的教学方法是否具有创新性，应该考察其方法使用的丰富程度。人类在漫长的教育教学历程中，创造了无数的教学方法，其中每一种方法都没有好坏、正误之分，关键是是否适合这种方法的对象、教学内容与教学情境。教学是种非线性规律活动，每一种教学方法都有其产生的特殊原因，而人类相同原因出现的概率非常少。因此，某一种方法只能在其起源相似条件下才能发挥作用，更多情况下是各种方法的融合与杂交。具有创新性的教学方法必须具有丰富性的特点，单一的方法在现今条件下即使具有创新性，也一定非常微观，解决不了常规教学层面的问题。总结名师们的教学方法，在其品牌性之外，都有非常丰富的教学方法贯穿教学活动之中，其中还有一些是教学方案设计之外的"非设计"方法，被教师们临场发挥，服务于特殊需要的教学过程。

"非设计"方法是教学方法创新丰富性的表现之一，它也准确地反映出不同教师运用教学方法的能力和水平，高水平的教师可以在教案设计方法之外游刃有余、得心应手地选择恰当的方法开展教学，而初任教职的可能在教案中设计了若干教学方法,但有可能一些方法根本没有用上就结束教学活动了,或者用一些超出教学安排的教学方法来满足学生的兴趣。

四、关联性原则

高等教育教学方法的实现途径随着技术的进步发生着快速而深刻的变化,多途径实现教学目的成为现代高等教育教学方法创新的革命性特征。与传统的讲授法、灌输法相比,现代技术带来的教学方法创新突出了技术性优势,从"粉笔加黑板"幻灯、多媒体进化到网络课堂,有效地提高了教学效率,为交互式教学提供了时空与技术保障,师生教学灵感也能及时得到捕捉和储存等。但这只是教学方法创新关联性的一个方面,即方法与手段的关联。级联递增式的关联性一定程度上否定教学方法的技术元素,完全依赖现代教学技术推进教学方法创新也不妥当,因为人类的教学活动从产生到现在,从来就不是技术的奴隶。尽管现代网络课堂或课程在逐步兴起,这可能从感觉上给世界各地高等教育教学方法掀起一次话题讨论,但通过网络传播最优教学方法的可能为期尚远,更多是学校的一种魅力与形象的展示。因此,关联性创新原则要求教学方法不能在技术面前无所作为,也不能搞"唯技术论",还必须回归教学活动中"教"与"学"的本位开展创新。人是社会生活中最活跃的因素,离开先进技术设备条件依然可以开展教学方法创新活动。

对教学方法及其创新性的评价,主体必须是多元的,任何单方面的结论都不足信,尤其是从教学管理角度开展的教学方法及其创新性评价更是有违教学方法的本质要求。高等教育教学方法创新属于学术文化范畴,对于教学方法的评价不属于高等教育的行政管理而是学术管理。学术性评价的主体应该是多重多元的,只有这样才能靠近教学方法及教学方法创新性的本质。否则,就是对教学方法的机械性误导,极大地扼杀教学方法运用的灵活性和教学方法创新的积极性。

教学方法创新评价主体是教学活动直接参与者的教师和学生这个二元主体。而且学生这一方面的情况还是动态变化的,即某位教师的某一门课程的教学对于某一年级的学生一般只有唯一的一次,待教师重复进行教学时,学生已经全然改变。因此,教师的教学方法创新为什么滞后,关键就在于学生对某门课程的学习及对教师教学方法的"感受"是唯一不可重复的,即使有一再中肯的建议，但检验这些建议是否被采用的，则是下一届学生。所以，对教师教学方法创新评价主体中学生的界定，必须是持续几个年级的学生。或者，对于通用性强的公共课程、专业平台课程等，要把学生全部纳入评价主体的范围，但这对大量专业性课程不适用。教学方法创新评价主体的另一方面，应该是教学团队成员。无论这个团队是否形成建制，或者规模大小、关联强弱不一，但通过这个团队，可以从"方法适应内容"的角度准确界定教师教学方法使用及创新状况。至于很多高等教育已经组建并运行的"教学视导"机构的人员，是教学方法创新的评价主体之一，但由于学科专业的巨大差异，他们只能从通用性方法，即符合教学一般规律性的方法入手加以评价，不能代替教学团队的评价。教学管理部门参与教学方法创新评价是间接的，只能从程序设计、持续推进、结果反馈和分析等方面着手工作。

第三节　高等教育教学创新的思路

一、更新教学理念

（一）更新教育思想，确立实践教育教学理念

实践是指将高等教育教学内容中的自然科学知识、人文知识、德育等各种理论知识教育，通过具体的系统实践来消化、固化、融合、升华。在实践中统一科学教育与人文教育，把实践育人贯穿于人才培养的全过程，培养学生的实践能力和创新精神，提升个人人文素质和科学素质，达到完全与社会实际需求相符。高校在校园文化建设中要建立一种新的激励机制，带动学生积极展开创新创业活动，并给予大力支持，全面推进实践教育。

（二）树立以生为本的教学理念

就是在教育教学中要体现出对学生主体地位的充分理解和尊重，对学生潜能的充分诱导和挖掘，对学生人格的充分培养和塑造，把学生的个人意愿、社会的人才需求、学校的积极引导有机结合起来，使学生在知识、能力、思想道德、身心健康等各方面得到均衡、全面的发展，从而促进学生成长成才。这一教学理念要充分贯彻体现到高校的所有教学环节之中的各个方面。在教学模式上，要对原有的、缺乏弹性的、学生被动接受的、没有选择余地的教学模式进行创新，

实施弹性教学计划，建立学分制、主辅修制，让学生有一定的选择权和支配权，可以自由支配属于自己的时间和空间，着力于学生创新能力和实践能力的培养。在教学目的上，要做到"一切为了学生，为了学生的一切，为了一切学生"，在教学方法上，要大力提倡"以学生为主体、教师为主导"的互动式教学方法，鼓励进行问题式、案例式、讨论式、情境式教学法，开展"启发、互动、探究式"的课堂教学实践，采取一系列措施，使教师由传统式知识传授型教学向现代式研究型教学转变，引导学生由被动接受型学习向研究型学习转变。在教学组织的具体实施方面，应采取灵活多样的教学组织形式，而对目前过于刻板的传统教学方式进行创新，充分发挥学生的个性，对学生进行激发和引导，使学生经过探索研究而学会自主学习，使教学方式以传授知识向培养学生认知能力和全面素质转变。转变以教师、课堂、书本为中心的教学局面，进行师生互动，展开专题讨论，鼓励自主探索与合作的学习方式，培养学生的探索精神与批判性思维；重视教学的创新性和学生个体间的差别指导，让学生在与教师的朝夕相处中耳濡目染，接受熏陶；以学生亲自动手实践为主，采取提供实践平台、鼓励学生积极参与科学研究实践课程创新的手段，增强教学活力，培养学生获取新知识、分析和解决问题、交流与合作的能力。

（三）制定均衡的高等教育资源配置政策

在重点大学和普通大学之间要实现教育资源配置的均衡。在建设和发展"985工程"和"211工程"重点大学的同时也要兼顾一般大学，着力改善一般大学的办学条件。还要针对目前不同区域间高等教育差距越来越大的现象，制定相应的区域高等教育政策，寻求不同教育资源在区域间配置的平衡，增强区域高等教育发展的动力。科学合理地安排高等教育的学科专业布局，加强教学内容和课程体系创新。合理安排课程设置，高校的办学理念、专业与课程设置、教学模式要与社会需求相一致，培养与社会需求相符的人才。第一，在进行学科专业建设时依据"厚基础"原则构建培养本学科专业人才的基础知识、能力和素质结构。第二，在安排学科专业布局时要依据"宽口径"原则，拓宽学生的专业知识面，把专业设置从对口性向适应性改变，实行宽口径的专业教育，优化课程整体结构，拓宽专业课程交叉培养，增加弹性教学，提高教学质量，提高学生的综合素质，培养学生的科学全面发展，为社会提供高素质人才。第三，高校要抓住自身特色，合理定位，遵循差异性原则，建设优势学科，避免模式单一，合理配置教育资源，促进教育公平，促进高等教育科学发展。

(四)因材施教,树立以生为本的教学理念

因材施教就是根据不同学生的个性特点来进行不同的教育活动,通过对差异性的辨析制订出适合其特点的教学计划。教育公平的实质也不是使每一个学生都要获得同样的教育,而是使每个学生都获得适合自身的教育,这就是教育公平的适合性原则。我们要充分认识到学生是教育活动的主体,学生是发展的、独立的人,每个学生都有自己独特的个性,我们要做到在制订教学目标、教学模式、教学内容及教学方法等教学活动方面要坚持以生为本的教学理念,尊重学生的主体地位,充分挖掘学生的潜能,使学生的个性得到充分发展,塑造学生的健全人格,促进学生的全面发展,促进教育公平的实现。

(五)构建高等教育教学质量保证体系

高等教育教学的质量直接影响着人的全面发展,最终影响经济社会的发展。我们要依据相应的政策法规建立高等教育教学质量保证体系,规范学科专业建设,避免重复建设和教育资源浪费,构建独立的有权威性的高等教育教学质量评估机构,加强对高等教育教学质量的监督,完善高等教育教学评估政策,充分发挥社会的监督作用,对高等教育教学质量进行监督。

总而言之,追求高等教育教学公平是促进高等教育公平的核心所在,也是促进高等教育创新发展的不懈动力。我们必须坚持科学发展观,继续深化高等教育教学创新,优化高等教育结构,不断提高高等教育教学质量,实现人的全面发展,最终促进高等教育公平的实现。

二、办学特色

(一)办学特色的内涵

高校办学特色就是一所大学在长期办学过程中形成的本校特有的和已经被社会认可了的在某些学科领域方面优于其他学校的独特创新风貌和具有可持续的发展方式,具有稳定性、认同性、创新性、独特性和标志性。高校办学特色的内容主要包括学科特色、科研特色、人才培养特色和校园文化特色这四个方面。

教育部在《关于进一步加强高等教育本科教学工作的若干意见》中提出,要培养数以千万计德智体美全面发展的高素质专门人才和一大批拔尖创新人才,突出提高人才培养质量。办学特色正是高校质量的生命线,是学校追求最

优品牌的实现。高校应以追求特色、打造优势为目标，促进办学水平的整体提升，使高校的办学特色更加显著，从而提高高等教育质量。

（二）办学特色的形成

1. 教育教学创新，培育办学特色

一所有特色的高校必定拥有自己独特的教育思想和教育教学，这种教育思想和教育教学能够在特定时空环境指导着高校在办学发展的过程中的办学思想和办学理念，并能适应时代和社会对教育和人才培养的要求，符合教育思想和教育教学的创新要求，符合教育创新发展和社会进步的一般规律，能够促进教育发展方向、人的全面发展及人才培养过程的优化。教育教学的创新必将带来教育思想的转变，先进的教育思想必将促进先进办学思想的实践，包括新的办学目标、办学模式的重新定位标准，以及如何实现这一标准所采用的方法、途径及对此办学实践效果的综合评价。

2. 构建学科特色，促进办学特色

学科特色建设是促进高校办学特色形成的关键所在。学科建设作为高校培育人才、科学研究和服务社会三大职能的具体承担者，它的建设和发展水平程度对高校的人才培养、科学研究、专业建设和师资队伍等方面的质量有着重要影响，对高校办学特色的形成有着强有力的支撑作用，并决定着学校的服务能力和水平及办学层次的提高。学科特色是高校办学特色中的标志性特色，是构成高等教育核心竞争力的主要组成部分。学科特色：第一，指特色学科，指某一特定的学科特色；第二，指学科结构体系特色，指由几个特色学科共同组成的学科特色。特色学科是学科特色发展的基础，学科结构体系特色是学科特色的扩展壮大，真正的特色学科具有不可替代性，是难以被模仿和复制的。高校在学科建设上不能盲目求"大"、求"全"、求"新"，要求"精""尖"，要因校制宜地构建优势学科，发挥优势学科所附带的"品牌"效应，形成办学特色。

3. 发扬大学精神，形成办学特色

大学精神是一所大学内所有成员在长期办学实践中共同创造、传承、逐步发展起来的被大学所有成员共同认同而形成的一种精神理念。它反映了一所大学的历史文化传统及面貌状态，是大学的精神信念和意志品质的准确表达，是大学独特气质的精神形式和文明成果的表现，也是大学所有成员的精神支柱。大学精神犹如人的品格，是大学最为核心和高度抽象的价值追求和行为规范，决定着大学的行为方式和大学发展的方向，是大学存在和发展的基石，是大学的灵魂和本质之所在。大学精神是大学保持永久活力的源泉，是大学优良传统文化的结晶，是大学在长期教育实践中积淀下来的最具典型意义的精神象征，体现了大学所有的群体心理定式和精神状态，展现了大学的整体面貌、风格、水平、凝聚力、感召力、生命力，最终凝聚形成独有的办学特色。高校的办学理念及办学实践应该有利于大学精神的形成和发展，并使之形成一种特色教育，经久不衰。

三、推进师资队伍建设

逐步取消高校行政级别，精简高校管理机构，压缩行政费用开支，使教师真正在高校中处于主导地位，同时进行师资队伍建设。百年大计，教育为本；教育大计，教师为本。

教师作为高校培养人才、传播知识的主体，是高等教育教学中的第一生产力。一所学校的办学理念、办学方针都需要依靠教师在教学过程中呈现出来。高校要依据自身的办学特色，造就一支具有足够知识储备、教学科研能力、创新意识和人格魅力的高素质教师队伍，把重点学科、特色学科带头人的培养作为学科建设的首要内容，加大对重点学科、特色学科带头人的引进力度，加快高层次创新人才培养，突出特色训练，形成明显的学科优势，促进学科发展，进一步提升在职教师的素质，提高高等教育教学质量。

建设一支高素质的结构合理的教师队伍对高等教育教学创新非常重要。建设一支优良的师资队伍是提高教学质量的关键所在，是实现高校培养人才目标的有力保障。随着高等教育教学创新的发展，我国已经形成了一支总体规模较适当、学科体系较齐备、综合能力不断增强的高校师资队伍，在数量和专业层次上都有了大幅度的增长和提升，但是在整体结构、综合素质上依然存在一些不协调和不足之处，影响着我国高等教育教学创新的可持续发展。

（一）优化高校师资队伍结构

高校师资队伍的结构内容主要包括教师的学历、职称和年龄这几个方面，它可以直观地反映出教师队伍的质量、能力和学术水平的一些基本情况。近年来，我国已实施了"高层次创造性人才工程""高校青年教师奖""骨干教师资助计划""硕上课程进修"等多项高级资质队伍建设工程，尽管如此，我们要加大对骨干教师和优秀学科带头人的引进力度,强化高层次带头人队伍建设。对于高职称的学科、学术带头人、紧缺专业人才要给予一定的政策倾斜,根据学科发展的目标,有目地吸引高层次人才,以确保高校师资队伍的职称结构比例合理,还要通过有效措施引进高学历人才,提高师资队伍的学历层次。加强本校优秀人才的培养和吸纳来自不同地区和高校的人才,引进与培养相结合,推动人才与资源的有效整合,以利于各学科专业教师整体知识结构的优化,最终促进高校师资队伍结构的协调发展。

(二)提高高校教师综合素质

高校师资队伍建设是高等教育教学创新发展的基石,它直接关系着高校教学质量的提高与否。高等教育的快速发展对高校教师的教育教学思想、知识结构、教学方法等综合素质提出了更高层次的要求:要求教师具有熟练应用现代信息技术和现代教育手段的能力,教学与科研的创新能力,理论联系实际的能力,将知识服务于社会的能力及良好的社会交往能力。要建设这样一支学术过硬、综合素质较高的教师队伍,我国的高等教育师资队伍建设任重而道远。提高高校师资队伍的综合素质要把师德建设放在首位。师德建设是师资队伍建设的基础,不断加强师德建设是全面贯彻党的教育方针政策的根本保证,是培养德才兼备的高素质的社会主义建设者和接班人的必然要求。在高校师资队伍建设中要遵循以人为本的原则,牢固树立师德兴则教育兴、教育兴则民族兴的爱国主义教育教学,要求教师不断更新观念,用现代教育思想充实自我、完善自我,推进高校师资队伍建设,建设一支为人师表、作风优良、爱岗敬业、治学严谨、教学科研能力强的与时俱进的高素质教师队伍。

提高高校师资队伍的综合素质要注重教师教学素质的培养。教学是培养人才的直接途径,也是高校的主要工作,教师是教学的实施主体,培养教师的教学科研能力是提高教师教学水平的主要途径。要改变过去的只注重学历的提高而忽视教育教学能力培养的状况,既要注重教师专业学术水平的提高,也要重视教师教学水平的提高,要求教师掌握教育教学理论、教学方法及教学规律,增强教师提高教育教学水平的积极性和自觉性,还要加强教师对科研工作的重视,为教师提供进行科研创新的条件,提高高校师资队伍的科研能力、学术水平和教师职业化水平,以"特色专业—精品课程"建设和聘任重点学科带头人为龙头,加强重点学科带头人、学术带头人、学术骨干队伍建设,在部分学科领域形成独具特色的人才群体,致力于学术大师和教学大师的培养,带动师资队伍整体水平的提高。

总之，我们要把高校师资队伍看作一个整体，通过多种方式培养高校师资队伍的现代教育教学，提高教师的专业理论学术水平、教育教学能力、科学研究能力及科学文化素养，全面提升教师的教育教学功能、团队协作功能、科研开发功能及社会服务功能，使其掌握先进的教学、科研方法，并具有崇尚科学、勇于创新的开拓精神，具有为高等教育事业不懈追求的精神，为高校培养一支具有良好的职业道德、较强的教学科研能力和充满活力的高素质师资队伍，促进高等教育教学质量和水平的提高，促进师资队伍建设的良性循环，促进我国高等教育教学创新，为高等教育创新的跨越式发展奠定基础。

四、创新课程体系及教学内容

（一）课程体系创新

要优化和调整学科专业课程结构，因材施教、分层次教学、分类别培养，同时进行主辅修、双学位、定向培养、中外合作办学等多样化的人才培养模式，在满足不同基础学生学习的需求和发展需要的同时也能促进人才培养质量的提升。在课程结构上，打破传统的单一课程结构类型，重新调整课程结构，优化课程体系。综合课程、必修课程和选修课程都要各自占有一定的比例，以"本科规格+实践技能"为特征，重视学生的个别差异，坚持四个结合，即理论与实践、人文教育与专业课程教学、课内与课外、校内与校外相结合，构建一种合理的、适合学生发展的课程体系，最终培养学生具备两个方面的素质——文化素质与创新素质，提高四个方面的技能——基本技能、通用技能、专业技能和综合技能。

在高校基础课程教育上，构建综合基础教育体系，所有学科专业都进行国防教育、人文教育、自然科学基础、德育实践等基础知识培训。要构建综合实践体系，搭建公共实践平台，包括专业实验、实习、设计、毕业设计（论文），德育实践，科技文化实践、创新实践等。还要构建学生实践能力考核体系，对学生的综合实践能力进行考核。进行创新课程研究，转变理论基础。创新课程所依据的理论基础由心理学扩展为社会学、经济学、文化学、政治学和生态学等更具包容性的学科领域。创新不仅包括首次创造，也包括对他人所创造出来的成果的重新认识、重新组合和设计应用。创新课程并不是以学科的方式向学生传授一整套如何创新的知识、方法和策略，也不是以学生获取学科知识为中心，而是以综合实践的方式为学生提供相对独立的、有计划地进行研究性学习、设计性学习、体验性学习、实践性学习、反思性学习和生活性学习的学习机会，让学生从自己的现实社会生活中自主选择研究课题并通过对开放性、社会性、综合性和实践性问题的探究，形成自己独特的学习方式，培养学生的创新精神、探究能力、开放性思维、社会实践能力和社会责任感。同时，创新课程也是一种创新性理念，指在一种课程开发与实施的过程中除了独立的综合实践课程之外，原有的所有课程科目在具体实践中都要设置一些必要的干扰性因素，并通过课程内容的复杂性、模糊性来增加课程的难度，以培养学生的探究能力。

（二）教学内容创新

遵循"厚基础、宽口径、强能力、重质重"的复合型人才培养原则，重新规划和设计教学内容与课程体系。改变过去只在专业学科范围内设置专业课、专业基础课、基础课的"三级"课程编排方式，构建专业必修、专业选修、学科必修、公共必修、公共选修五大课程体系，对教学内容与课程体系进行重新规划和设计，按照学科专业普遍大类平行设计学科专业类课程、新公共基础课程、文化素质教育课程和实践性教学课程等较大教学课程内容体系，增加选修课，减少必修课，对公共课进行分级分类教学。

厚基础就是使学生熟练地掌握各个学科与业的基础理论、基础知识、基本技能，并能扎实地运用到实践中去，确保学生的知识基础，强化学生基础知识体系，打造精品课程。进一步加强学生基础理论、基础知识、基本技能和基本方法的学习与实践，进行优秀主干课程建设和基地品牌课程建设，重点建设基础较好、适应面广的学科专业基础课、主干课和专业课，使之达到国家精品课程建设标准。

宽口径就是拓宽学生的专业知识面，把专业设置从对口性向适应性改变，实行宽口径的专业教育，提高学生的综合素质，为社会提供高素质人才。在课程体系建设上，优化课程整体结构，拓宽专业课程交叉培养，提高知识质量，加强大学生文化素质教育，增加弹性教学，改变传统的教学计划。在公共必修课程之上可以设置学科必修课程，按照分类搭建课程平台，注重文理交叉，在课程体系中设置跨专业课程，强化专业渗透，为学生的宽口径发展搭建学科基础平台，优化学生知识结构，让学生根据自己的专业特长、兴趣爱好和发展趋向自由选择，进一步拓宽专业口径，培养大学生综合素质。

强能力、重质量就是从培养学生全面发展、提高学生综合素质出发，以分析、模拟、影视教学等基本形式展开实践教学，加强课堂内外的实践教学环节，并通过组织社会实践、社团活动、专业实习等实践活动培养学生的务实能力、操作能力，注重学生的人格塑造，充分挖掘学生的潜能，注重培养学生"从一般到个别"的解决能力，着重训练学生"从个别到一般"的调查分析能力，帮助学生养成可行性分析的良好思维习惯，使培养出的学生具备强能力、高质量。

（三）注重实践教学

开展实践教学，要求学校通过开拓各种有效途径为学生搭建实践平台，建立一批相对稳固的课内外学生实习和实践基地，并积极组织学生进行社会实践、调研、实习等活动，逐步培养大学生的敬业精神，培养他们艰苦奋斗的精神和坚韧不拔的意志，有计划、有目的地推动大学生自觉自愿地加强职业道德素养。逐步培养大学生的实践创新能力，积极支持大学生创新创业活动，致力于大学生创新素质的发掘和培养。创新素质主要包括创新意识、创新精神和创新能力三个层面的内容。在一个创新型国家的建设进程中，这种全新的创新素质正逐渐成为大学生在就业市场竞争中的核心竞争力。

五、教学模式和方法创新

（一）教学模式创新

人才的培养是一个复杂的系统工程，必须要不断探索其内在的规律，创新旧的不合理的教学模式，认真细致地研究教学，研究其内在的多重因素：教学理念、教学内容、教学方法和教学模式等，从而掌握教学的规律。因此，我们提出了"教学民主"的教学观念，对传统的教学模式进行创新，开创研究性教学、开放性教学和互动性教学等一些能够体现"教学民主"的经典的教学模式，充分突出学生的主体性地位，激发学生的主动参与意识，开发学生的学习潜能，创设民主、和谐的学习氛围，指导学生学会学习，在教学中建立一种和谐的师生关系，充分调动学生学习的自发性和积极性，保证学生和谐、全面地发展。

1. 推广研究性教学，培养学生的创新意识

教学从知识传递向注重能力培养的转变，必然要求教学方式方法的变革，推进研究性教学正是深化教学创新的重要路径，也是研究型大学人才培养的一个基本特征。研究性教学是一种将教师自身的研究思想、方法和最新成果引入

教学过程的教学模式。通过研究性教学，使教学建立在科研基础上，科研促进教学的提高，教学与科研互动并向学生开放，从而引导学生在参与教学过程中步入科研前沿，激发学生主动思考、主动探索、主动实践的创新意识。研究性学习的过程是情感活动的过程，通过让学生自发地参与探究性学习活动，获得亲身体验，逐步形成一种在日常生活和学习中勇于探索、努力求知的良好习惯，从而激发探索和创新的积极欲望。

研究性学习的过程就是一个探索的过程，在一个相对开放的环境中寻找问题和探讨解决问题的过程。通过这一过程，可以培养学生的思维能力，培养学生发掘和解决问题的能力，使学生掌握一定的科学的学习方法，增强学生对资料的收集能力、分析能力、总结能力，以及学会利用多种有效手段、多种途径获取信息都有积极的推动作用。研究性学习的过程是一个互动的学习过程，在这个互动的学习过程中离不开学生与团体、学生与学生之间的沟通与合作，可以说研究性学习为学生提供了一个人际沟通与合作的良好空间，为学生分享研究资料、学习信息、创意和研究成果及发扬团队精神提供了一个很好的交流平台，培养学生学会合作、发现问题、克服困难共同解决问题的能力。研究性学习的过程也是一个实践的过程，要求学生从实际出发、实事求是，尊重他人研究成果，严谨治学，积极进取。研究性学习的过程也是一个培养学生全面素质提高的过程，通过学习实践加深了对科学的认知以及科学对自然、社会的积极意义与价值，使学生懂得思考国家、社会、人类与世界共同进步、和谐发展的伟大命题，在培养学生的创造能力和实践能力之余还培养了学生形成积极的人生观、价值观。而且，研究性学习过程也为学生提供了综合运用各门学科知识的机会，加深了学生对学过知识的重新记忆，加强了学生知识的生活化进行开放性教学，培养学生的积极参与能力及自主创新能力。开放性教学是为了鼓励学生主动积极地去探究知识规律，对传统教学过程中影响学生发展的不合理因素进行创新，从而培养学生自主创新性学习能力的新型教学。开放性教学的主要思想理念在于以学生的发展为本，通过教学目标、教学方法、教学内容及整个教学过程的开放，从传统的封闭式课堂教学走向开放式教学，充分发挥学生的主体作用，让学生自己掌握学习主动权，自己去探索、发现，培养学生的创新能力。在开放性教学中，教师不能仅仅拘泥于教材、教案的内容，要给学生提供充分发展的空间，创设有利于学生自主发展的开放式教学情境，根据学生的发展状况不断调整教学过程的每一个环节，激发学生学习的动力，促进学生在积极主动的探索过程中健康、全面、和谐地发展。开放性教学不只是一种教学方法、教学模式，它还是一种教学理念，它的根本目的是让学生的创新潜能得到充分发展，以开放的教学活动过程为路径，以最优教学效果为最终目标。

2. 开创互动性教学，提高教学质量

互动性教学就是在教学过程中充分发挥师生双方的主动性，师生之间相互交流、相互探讨，促进师生共同发展，最终优化教学效果共同完成教学目标的一种教学模式。互动性教学可以活跃课堂气氛，而且能够及时反馈学生的学习进度及掌握知识的规律。互动性教学包括教与学的互动、教学理念的互动、心理的互动以及形象和情绪的互动等。互动性教学是一种富有生命力的创造性教学，有着现代性、互动性和启发性的特点，它不同于传统的教学模式，也不同于放任学生自由学习的教学模式，它要求教师按教学计划组织学生系统地、有目的地学习，并要求教师按学生的发展要求有针对性地因材施教，促进教师努力探索、学习，不断提高自己的专业水准和教学水平，同时激发学生学习的积极性，促进学生个性的发展，提高教学效果和效率，最终提高教学质量。互动性教学以学生为主体，以教师为主导，提倡师生平等的沟通、交流，让学生在没有压力的情况下轻松自由地学习，让学生参与教学计划、教学决策，有利于培养学生自觉学习和主动学习的能力及创新学习的能力。

（二）教学方法创新

进行高等教育教学创新要注重教育思想理念的更新，要符合经济社会发展的需要，要吸取国内外教育专家的理论和经验，要坚持理论联系实践。教师要树立大教学观，积极推进实践性教学，处理好知识教学与技能培训之间的关系，把练习、见习、实习、参观、调查等环节全部纳入教学范畴，使学生在实践中学会学习、掌握知识，在实践中培养解决问题的能力。

1. 启发式教学法

启发式教学法就是根据高等教育教学的目的、内容、学生的学习进度、知识规律和现有知识水平，采取各种教学手段，对学生通过启发、诱导的方式进行知识传授、培养能力，促进学生主动学习的一种教学方法。启发式教学法是以教师为主导、学生为主体的一种科学、民主的教学方式，它能激发学生的学习主动性和积极性，激起学生的求知欲和探索欲，让学生开动脑筋、积极思考、大胆质疑、主动实践，并在教师的引导下带着问题进行学习研究，找出解决问题的办法，以达到掌握知见的目的。

启发式教学法不只是一种简单意义上的教学方法，它更是一种教学理念。因此，为了激发学生的求知欲，为了提高学生的学习兴趣和探索的欲望，以及对学生创新思维的培养，教师应当遵循大学生的认知心理规律，充分考虑学生思维的特性，采用启发式、研究式的教学方法训练学生的思维，从感知和直观开始，不断引出问题，不断创造背景，紧紧抓住学生思维的火花，循序渐进，启发并改进学生的思维方式、学习方法，让学生在不断地探索研究过程中学习，增长知识，训练思维，由被动学习转变为主动学习，最大限度地开发学生学习的潜力。

2. 实践式教学法

实践式教学法就是以边讲边练的方式在实践基地中讲授理论课，通过理论与实践相互结合的方式促进师生共同完成教学任务的教学方法。在教学过程中要着重培养学生的学习能力，培养学生获得知识和运用知识的能力，把教师的讲授、辅导过程和学生的自学过程结合起来，把科学研究引入教学过程，培养学生的研究能力和创新意识；指导学生积极参加社会实践，进行社会调查与研究，在实践中学习知识；鼓励学生进行探索创新。

教师讲授时要重视知识的集约化、结构化，让学生重点掌握学科的基本知识、基本结构与基本方法，并运用现代化科学技术逐步提高教学手段，提高教与学的效率，改进考试方法与教学评价制度，调动教师的教学积极性和创造性，促进学生自发地、主动地学习。在进行教学计划的过程中，教师作为学生学习过程的组织者与协调人，要精心创设情境，根据预定学习任务来制定教学内容，制定一些来源于实践活动的综合性学习任务，然后引导学生独立确定目标，让学生从一开始就参与到教学过程当中，制订学习计划并逐步实施和评价整个过程，形成实践与学习相结合的教学方式。在整个实践教学过程中，教师可以采用讨论式教学法，以及案例教学、项目教学等多种教学方式，激发学生的兴趣，培养学生独立思考的能力以及解决实际问题的能力，培养学生的科学精神、创新意识和独立人格。

不管采用何种教学方法，传授知识、培养能力、提高素质这三者在高等教育创新中都是有机的统一体，也是高等教育教学创新的最终目的，我们要通过教学方法的创新把这三者有机地贯彻到高等教育教学过程中去。我们要树立新的高等教育教学思想，教师要在充分发挥指导作用的同时抽出足够的时间和精力致力于科学研究，学生能够自由独立地学习、思考及探索所需要掌握的知识

（理论和实践），做到教学相长，教法与学法相互联系与作用，共同促进教学效果和教学质量的提高。

总之，在高等教育教学创新中要针对学生的实际情况并结合以上教学方法，才能够提高学生的综合素质，才能进一步提高学生的学习积极性，才能培养出具有一定理论知识和较强实践能力的实用型人才，才能更好地服务于社会。21世纪是全球化的时代，是知识经济的时代，我们要建设高水平高质量的大学，必须树立现代教育教学，坚持以生为本，推动大学教学培养模式、教学内容、教学方法的创新，才能更好地适应高等教育发展的需要，为科教兴国、依法治国服务。

六、重视大学生文化素质教育

大学生文化素质教育是大学高质量人才培养的重要组成部分，是我国高等教育教学创新的一个重要方面，要将文化素质教育贯穿于大学教育的全过程，进而实现教育的整体优化，最终达到教书育人的目的。大学生的基本素质包括文化素质（含思想道德素质）、专业素质和身体身心素质。其中文化素质是基础，文化是人们所创造出来的物质和精神的成果，是人的活动的对象化、物化，是人观念存在的形式，是超越个人的实物形态或观念形态。一种文化一旦被创造出来，就不再受时间、空间、个人的限制，就会被广泛地传播和使用。文化素质，就是人们所拥有的所有文化知识在内在的积淀，文化素质对于人们的人生观、价值观的形成具有基础性的决定作用，并最终成为行为的指导规范，同样，人们已有的人生观、价值观也会反作用于文化素质。提高大学生素质教育，主要是指文化素质教育及创新精神、实践能力的培养。文化素质教育重点指人文素质教育，主要是通过对大学生加强文学、历史、哲学、艺术等人文社会科学、自然科学方面的教育，以提高全体大学生的文化品位、审美情趣、人文素养和科学素质。

（一）提高大学生文化素质教育的目的和意义

国家要发展，经济是中心；经济要振兴，科技是关键；科技要进步，教育是基础。由此可见，教育在我国发展中的作用和地位是重中之重。高等教育，主要是培育有知识、有文化、创新型人才，高等教育能够产生新的科学知识、新的生产力。高等教育的三大职能之一是发展科学，高等教育在传输知识、培养人才的同时，亦创造新的科学理论。高等教育所培养的不同专业、不同层次的各种文化素质人才在社会生活各领域的作用，将直接、间接地影响全社会的可持续发展，可持续发展的教育观念即是应从全社会可持续发展的角度来审视教育的创新与发展。在高等教育中，我国已从办学体制、投资体制、管理体制、教育教学、招生就业、考试制度等方面进行了多层次的创新，已经逐步走上了一条可持续发展的新的道路。当然这条道路并不平坦，在进行创新的过程中会有诸多的问题凸显出来，其中，提高大学生文化素质教育，显得尤为重要。

（二）观念变化对大学生文化素质的影响

价值观是人们对人和事的评价标准、评价原则和评价方法的观点的体系。它具体表现为信念、信仰、理想和追求等形态。一定的价值观反映着在一定生产关系条件下人们的利益需求，决定着人们的思想取向和行为选择。在经济日益发展的今天，物质的极大丰富也在刺激着大学校园，大学生作为敏感的社会群体之一，其价值观也随之不断变化。

文化观是一个人对待文化的态度。我们要树立正确的文化观，不狂妄自大，不妄自菲薄，合理对待外来文化，不一概排斥，但也绝不崇洋媚外。

（三）提高大学生文化素质的途径

提高大学生文化素质教育，必须将文化素质教育贯穿于大学教育的全过程，要求培养出的大学生具备人文科学素质、自然科学素质，具有较强的综合能力，如观察分析能力、研究思考能力、语言和文字表达能力、决策能力、组织能力、处理复杂关系的能力，以及应用计算机和现代信息技术进行学习、工作和生活的能力，从而实现教育过程的整体优化，最终达到教书育人的目的。提高大学生文化素质，必须从以下几方面做起。

1.高等院校必须转变教育观念，必须进一步加大教育教学创新力度，建立科学的课程体系，创新教学内容和教学方法

第一，转变教育思想和更新教育观念。第二，构建科学的课程体系，进行教学内容和课程体系创新，充分发挥以课堂教学为主体的导向作用。总的来说，要全面提高大学生的科学素质与人文素养，在具体教学过程中，应强调人文与科学的自然渗透与融合，必须包括文、史、哲、自然科学等诸多学科门类的知识内容来构建多学科交叉的高校课程体系，为培养大学生科学素质和人文素养提供广博而深厚的文化底蕴。强调课程体系的科学性，使大学生通过各种必修课和选修课的学习和探索，形成合理的知识结构和深厚的知识基础。

2.高等院校必须提高教师队伍质量,使教师的科学素质和人文素质全面提高

教育工作者要发扬严于律己、以身作则、率先垂范的优良作风,自觉自愿地做到诚信、肯学、肯干,带头实践我们所提倡的道德标准、价值观念和理论要求,真正起到教育和带动广大学生的领头作用,只有这样,才能真正提高和发挥社会主义核心价值体系中教育工作的说服力、吸引力和感染力。

3.必须创新人才培养模式,把知识、能力和素质三者有机地结合起来,贯穿于大学教育的全过程,使大学生在这三个方面获得和谐的、同步的提高,以期造就出高素质的全面发展的人才

要培养大学生拥有良好的文化素质修养,不仅是传授和灌输文化知识,而且要教给他们获取知识的方法和技能,在获取知识的同时,让能力得到充分的发挥,个人素质得到充分提高,这才是教育创新的最终目的,这才是教育的真正目的。

七、实现人力资源强国战略

实施人力资源强国战略,关键在于建设高等教育强国。人才优势是最大的优势,人才开发是经济社会发展的重要推动力,这一论断深刻地表明了人才资源在经济社会发展中的基础性、决定性和战略性作用。

高校的职责就是为建设高等教育强国提供强有力的人才保障和科技支撑。当前,我国高等教育已经实现了跨越式的发展,成为一个高等教育大国,但是要想建设成为一个人力资源强国,必须以人为本,从创新教育观念、突出高校办学特色、深化高等教育教学创新和完善体制等方面全面推进高等教育创新。

第四节 高等教育教学创新的策略

一、树立终身教育的教学理念

终身教育、终身学习的思想是近代以来各国教育界乃至思想界的热门研究课题之一,构建终身教育体系、创建学习型社会也逐渐成为联合国及世界各国指导教育改革和社会发展的基本理念。终身教育论者认为,教育具有时空的整体持续性,即教育与学习时时都有,处处皆在,传统教育往往将人的一生分割

为三个时期，即学习期、工作期和退休期。终身教育则冲破传统教育的观念，认为教育应当包括人的发展的各个阶段及各个方面的教育活动。终身教育、终身学习，已经成为我们的教育和社会理想，建立和完善终身教育体系，已成为我们义不容辞的职责。因此，要树立终身教育的教学理念，将各类教育形式有机结合，合理配置，创新高等教育的教学模式。高等教育肩负起发展终身教育的重任，依据社会的发展，职业的需求搞好高等教育、岗位培训、知识更新教育和继续教育，尽可能满足社会和经济发展勇于进取各种人才的要求。

我国高等教育要由封闭办学转为开放办学，要大力发展远程教育和网络大学，采取"宽进严出"政策，向每一个人提供接受大学本、专科水平的高等教育。要充分利用高等学院是社会主义经济建设当班人这个得天独厚的优势，与企业、社会建立更为密切的关系，把学校办成教学、科研和经济建设的联合体，提高高等教育在市场经济条件下的办学效益和造血功能，使高等教育在自身发展壮大的同时，进一步提高为社会服务的功能。还要有强烈的国际意识，推进和发展高等教育的国际交流与合作，大胆吸收和借鉴世界高等教育的成功经验，使我国的高等教育建立起一个面向社会、放眼世界、兼收并蓄、博采众长的开放体系。

二、拓展德育教学的教学模式

从职业发展理论来讲，高等教育在德育教学上的缺失，将严重影响职场个体的职业发展精神和职业道德素养的培育。但是高等教育对象的特殊性，决定了学员的德育教学的艰巨性、复杂性，一般意义上的德育教学很难达到令人满意的效果，高等德育教学也成为高等教育中较为薄弱的环节。因此，创新基于职业发展理论的高等教育教学模式，应当积极拓展高等教育中的德育教学这一重要组件。

（一）拓展德育教学的内容结构

现代德育是以社会现代化、人的现代化为基础，以促进人的现代化为中心，进而促进社会现代化的德育。现代德育必然要反映现代社会中人自身德育发展的要求，反映现代社会发展的要求。因此，在围绕高等德育内容的构成上，应该更具广泛性、现实性。职业道德是衡量一个从业者道德水平高低的重要标尺，它影响和决定着人们劳动的态度和方向，成为决定劳动者素质水平的灵魂，在高等教育内容中居于核心地位。因此，在市场经济条件下应当强调法治意识，运用政策法规来规范社会秩序，维护正当权益，这已经成为高等德育教学的必修内容。另外，高等德育不是向受教育者灌输一些既有的道德知识、道德规范，而是要指导受教育者运用科学先进的价值理念学会判断、学会选择、学会创造。随着科技、经济、社会的发展，人们的生活方式、价值观，包括道德观念、道德准则不断变化，原有的某些道德观念、道德规范有可能过时，不可避免地需要提出一些新的道德准则和规范。

（二）拓展德育教学的教学形式

拓展德育教学的教学形式必须充分利用现有教学资源和条件，选取在教学中已经成形的教学方法和模式，进行拓展延伸。

1. 应当充分运用课堂教学，实施德育

课堂教学是学员学习的主要形式。在课堂德育教学实施过程中，根据高等学习的特点，在教学计划和教学内容上，都要做特殊要求，教育内容应该根据市场经济的形势，适时调整德育目标。教育过程中要坚持先进性和普遍性相统一的原则，立足市场经济的实际，提倡"为己利他"的道德建设目标，把"利己不损人"作为道德底线，并且把健全的人格塑造放在德育工作的首位。同时，注重发挥学员主观能动性，强化课堂师生双向互动，创造轻松、活泼的德育氛围，保证对学员实施有效的德育教育。总之，无论课堂内外，德育目标和德育重点应在学员健康人格的塑造上，使学生明了道德建设是人格修养不可或缺的一部分。

2. 利用多媒体教学，强化德育教学效果

传统的授课方式无法满足现代高等教育德育教学的需要。因此，在德育教学过程中，要克服枯燥的德育灌输，代之以鲜活生动的实例来感染学生。通过学生自主的情感判断来塑造道德榜样，唤起对道德善行的崇敬之情，在纷繁复杂的社会中找到自己的道德归宿。注重现代教育技术的充分运用以及信息技术与学科资源的整合。充分利用电影、电视、教学录像等信息化、电子化、智能化的多媒体教学手段，借助于这些灵活多样、内涵丰富的声、光、图像等教学形式的直观冲击力，增强学员的兴趣，使学员的认识更加深刻，产生事半功倍的理想教学效果。此外，可以利用函授及远程教学发挥网络教学的优势，拓展德育教学空间，克服高等教育教学时空上的局限性，整合课堂教学和多媒体教学的优势，充分发挥网络资源在教育教学中的作用；借助网络实施网络教学，可以将专家、学者的精彩专题报告、德育教学录像制作成教学辅导光碟在教学辅导网站上和有条件的教学点进行播放。这一生动、灵活、便捷的德育教学形式克服了高等教育在时空上的制约，发挥了网络便捷、高效、涵盖广、辐射面大的优势，最大限度地拓展了德育教学空间，为广大学员提供了全天候德育教学服务。

（三）拓展德育教学的评价体系

基于高等教育的特殊性，高等学习者的德育考核评价有别于其他一般的考核，具有自身的特殊性。因此，凡是列入教学计划的内容，可以通过知识考试的手段进行考核评价；对于学员的思想观念的考察，可以通过日常管理中的操行鉴定来考核评价；对于学员的行为考核主要由学员工作单位出具考核鉴定和进行跟踪问卷调查。另外，为了充分调动广大高等学习者的积极性，鼓励他们在思想上、学习上积极进取，可以建立评优奖励制度，进行精神和物质奖励。对表现差的学员进行批评教育。通过长期的探索，以及多年以来高等教学的实践，制定一系列评判原则和标准，建立以职业发展为基础的高等教育德育教学全方位评价体系。使德育从禁锢人的头脑、抑制人的主动性和创造性的灌输性德育，转向开放性的、激发学员自主创造潜能的发展性德育。

（四）拓展德育教学的管理网络

高等教育的德育教学是一项复杂的系统工程，必须要动员主办学校、学员家庭等全方位参与，才能实施有效的组织管理。主办学校根据国家的有关规定，结合高等教育的特点，制订德育教学计划，科学、规范、可行的评价考核标准及考核措施，如班主任配备、班级临时党、团支部活动安排等，负责德育教学的实施和知识考核。学员居住的社区和学员所在单位承担着对高等学习者的平时监督、检查的作用，负责平时的思想教育。高等学习者所在单位具体负责学员日常行为、思想观念等方面的鉴定意见。通过几个环节的协调一致，才能形成高等德育教学的组织管理网络。

三、确立多元化的教学模式

创新基于职业发展理论的高等教育教学模式，需要以高等教育学员的职业发展需求为导向来设计多元化的教学模式，创造一种超越时空限制的弹性化学习机制。确立多元化的高等教育教学模式，必须体现高等特点并以高等的生活、需要与问题为中心，突出能力培养与多种教学范式综合运用的教学活动与形式。新的教学模式应强调个体的思维能力和动手能力，而非仅仅学习基础知识；强调创新性解决问题的能力；强调培养学生面对快速变革的职业生涯和多元的价值取向所应具有的包容能力和理解能力。

在课程建设目标上，要更加强调综合能力和建立在个性自由发展基础上的创新能力。在教育建设中注入科学精神和人文精神，以滋养和陶冶学员的性情，帮助其顺利走上职业发展道路。按照教学对象的细分，我们可以把多元化的教学模式分为学员为主产生的教学模式、学员为业余生的教学模式和学员为函授生的教学模式。

在具体的实践中，确立多元化的教学目标应注意以下几点。

第一，确立多元化的教学模式应突出学员的能力培养。函授生、业余生来源于生产、服务、管理第一线，具有较强实践工作经验，但理论知识相对较缺乏，因此需要通过专业知识的学习与深化，强化理论知识与实践的结合，培养专业技术知识的综合运用能力，而脱产生的学习目的是适应市场变化新形势，通过学习找到较满意的工作。因此，高等教育教学模式必须体现以高等需要为中心的突出能力培养的目标。

第二，应提倡跨时空的教学形式。高等教育学生的工学矛盾突出，文化基础差异较大，这为教学组织和教学质量的提高增加了困难。而以网络为基础的教学手段则有效地解决了以上问题，因为，网络教育不受时空限制，从而为成教学生提供了跨时空的学习环境。网络教育作为一种教学补充，有利于基础较差者的知识补充。因此，多元教学模式必须具备虚拟学习环境与学习社区功能。

第三，确立多元化的教学模式，应转变教育观念，改革和创新教学方法，采用适合高等心理特点和社会、技术、生活发展需要的教学方法。

四、引入校企合作的教学模式

在高等教育过程中，由于高等学员身份的特殊性，他们往往要兼顾学习和工作的双重压力，难以在二者之间恰当地分配时间、精力，形成较难解决的工学矛盾。另外，就职业发展理论而言，高等教育教学模式必须考虑到学员的职业发展需求是以学习专业理论和专业技能为主。为了找到学习和工作之间的平衡点，并提高成教学员的实践动手能力，有必要引入校企合作的双元制教学模式，以夯实学员的职业发展道路。

（一）建立校企联动机制

合作的前提是信任和需求，关键是寻求联动的结合点，否则难以形成合力。

校政企联动的逻辑起点应该是"发展"。学校发展主要体现在人才培养,政府(社会)、企业发展需要人才,"人才"就成为双方或多方联动的结合点。要让学校、政府、企业围绕人才培养走到一起,必须建立有效的联动机制,包括管理制度和运行模式,必须建立以现代信息技术为依托的网络交流平台及信息员联络制度和信息发布制度,畅通对外宣传和信息沟通渠道。

(二)规范校企管理模式

双方或多方合作,必须以合同或协议的形式建立一种有约束力的办学关系,明确双方责任与义务,从而确保合作的有效性和规范性。同时,必须充分尊重高等教育规律和高等学员特点以及政府、企业的实际需要,建立以主办学校为主、政府和企业参与的教学管理制度,共同商议、决定重大事宜,合理安排各教学环节,确保教学质员,达到规范性与灵活性的完美结合。在办学实践中,我们实行的是项目管理,即由学校高等教育主管部门和企业、政府负责人组成项目管理组,共同研究制订培养计划、管理制度并组织实施。在具体的教学实施过程中,校政企各方紧密合作,及时掌握教、学情况,有力地保证了人才培养质量。

(三)合理设置培养目标与教学计划

高等教育培养适应生产、建设、管理、服务第一线需要的德才兼备的应用型高级专门人才。要实现这个培养目标,关键是要制定一个以较高层次的技术应用能力为主线的培养方案,构建科学、合理的课程体系,确定学以致用的教学内容及与学员的职业发展,从业岗位密切相关的实践教学环节。因此,必须彻底改变过多地沿袭普通高等教育的人才培养模式,建立"学历+技能"的学科课程与技能培训相结合的课程体系。学员来自各行各业生产、管理、服务一线,有的还是管理和技术岗位骨干,对职业、技术及其所需知识有着深刻的认识;学员所在单位和部门也希望自己的员工能学有所获、学有所成、学以致用。因此,我们在制订教学计划时,应该充分利用学员及其所在单位这一宝贵资源,让学员和社会各界充分参与到教学计划制订和课程设置中来,使教学计划、教学内容更具针对性和实用性。实践证明,高等教育校政企合作人才培养模式是一种多方共赢的人才培养模式,也是高等教育事业可持续发展非常有效的一种模式。随着科技、经济、社会的持续快速发展,它必将拥有一个美好的前景。

第八章　高等教育信息化管理实践路径

第一节　高校教学资源管理信息化现状

一、高校教育信息化的发展进程

在新形势下，高校的教育信息化建设工程纷纷上马，提高了学校的教育信息化水平。对高校教育信息化建设有各种各样的提法，如校园网、数字化校园、教育信息化等。这些提法和概念各有侧重，其内涵与外延也不尽相同，在高校的信息化建设实践中，有必要分析理解这几个名词的异同，以统一对教育信息化概念的认识。

一般而言，校园网是指由计算机、网络技术设备和软件等构成的为学校教学科研、管理、后勤等服务的集成应用系统，并可通过广域网的互联实现远距离信息交流和资源共享的局域网络。从概念上来看，校园网侧重的是网络系统，即主要是对硬件平台的建设。

数字化校园的提出始于1990年，美国克莱蒙特大学教授凯尼斯·格林发起并主持了一项名为"信息化校园"的大型科研项目。自此，建设虚拟校园开始进入教育界有识之士的议事日程，并最终逐步演变完善成为今天的"数字化校园"概念，即利用计算机技术、网络技术、通信技术对学校与教学科研、管理和生活服务等有关的所有信息资源进行全面的数字化，并用科学规范的管理对这些信息资源进行整合和集成，以构成统一的用户管理、统一的资源管理和统一的权限控制，把学校建设成面向校园内，也面向社会的一个超越时间、超越空间的虚拟大学。数字化校园是在传统校园的基础上构建一个数字化空间，以拓展现实校园的时间和空间的维度，从而提升传统校园的效率，扩展传统校园的功能，最终实现校园各项活动的全面信息化。数字化校园的概念比校园网的概念在内涵上明显要丰富得多，涵盖的内容极其广泛，不仅包括了硬件设施和网络系统的建设，还包含对教学科研、管理、生活服务等各方面提供数字化服务，几乎无所不包。但从概念上来看，它侧重的是虚拟大学的存在状态和功能。

教育信息化的概念与数字化校园的概念几乎同步出现，是在20世纪90年代伴随着信息高速公路的兴建而提出来的。美国政府正式提出建设"国家信息基础设施"，俗称"信息高速公路"的计划，其主要是发展以Internet为核心的综合化信息服务体系和推进信息技术在社会各领域的广泛应用，特别是把IT在教育中的应用作为实施面向21世纪教育改革的重要途径。美国的这一举动影响了世界上的很多国家，因此，许多国家的教育信息化进程也由此迅速加快。

在西方国家，极少使用"信息化"的说法，他们通常用ITE，指信息技术的教育应用。教育信息化这一概念基本上是东方语言思维的产物。在我国，20世纪90年代以来，特别是90年代末以后，网络技术迅速普及，整个社会的发展与信息技术的关系越来越密切，人们越来越关注信息技术对社会发展的影响，"社会信息化""信息社会"和"信息化社会"的提法陆续出现，作为推进信息化建设的主力军之一，特别是在高等教育中，"教育信息化"的提法也随之出现。

二、地方高校教育信息化建设现状

以信息化带动教育现代化，已经成为教育跨越式发展的必由之路。这场由信息技术革命引起的教育变革，正在对教育的各个领域产生巨大而深远的影响。地方高校在教育信息化这方面起步较晚，发展略显滞后。地方高校应抓住这一历史性的机遇，强化教育信息化是信息时代高校生存、发展、竞争制胜的有力手段的理念，加强教育技术管理，促进高校的教育信息化建设。

（一）信息化建设人力资源缺乏

从对江苏省高校现代教育技术中心调研来看，部分管理人员对教育信息化概念还未了解透彻，对于如何建立学校的教育信息化更不知从何谈起。现代教育技术管理人员没有正确的理论导向，学校教育信息化管理工作还停留在传统的管理模式，工作效率低。建设人员的素质影响了学校教育信息化的发展。提高管理者的信息化水平，成为势在必行的关键所在。

普通教师作为教育信息化建设的参与人员，就信息化建设中的课堂信息化教学手段的应用现状来看，多媒体课件质量的高低与教师本身的教学素质高低有很大的关系。课件做得好，教学效果就会好。要提高教学质量，得到学生认可，应对教师提供有效资源，提高教师的信息化理论与实践水平，全方位地整合教育资源、研究教育理论和进行教育实践，使信息技术在教学中发挥应有的作用。只有提高学校管理人员和参与教学的人员的信息化水平，全民参与建设，才能解决信息化建设人力资源缺乏这一难题。

（二）投入与产出效益比例失调

在教育信息化刚刚兴起的时候，大家都热衷于关注一个个的技术解决方案，很少有人考虑这样的问题：这需要投入多少钱？人均成本是多少？拿它来做什么？能达到什么样的效果？大家都只是从感觉上去讨论如何能使教学成本降低，但很少深入研究前期巨大的投入和不断追加的投入，到底需要达到什么样的学生规模时人均成本才会降低？学生学习后的所得到底有多少？教育信息化其他方面的投入也存在上述问题。在问题没有弄清楚的情况下，许多项目仓促上马，导致闲置现象严重。许多学校投入大量资金建起来的校园网使用率低，等到几年过去，当年的一些设备已经老化，其使用价值和价值都大幅缩水。

个别高校为了迎接本科教学合格评估，投入了大量的资金，建立了多媒体教室，有些学校80%以上教室安装了多媒体设备，造成了资源浪费，有些课程不需要用多媒体上课也用多媒体上课，教育成本加大。如一所高校有80个多媒体教室，一年投影机换灯泡需12万元，加上维修等，每年共需维护维修费用15万元左右。举例来说，学校对投影机的购买与使用通常是不匹配的，实际上，投影机总持有成本又包含哪些方面呢？售价并不是购买投影机所唯一要考虑的花费。投影机的总持有成本——购买费用＋维护费用＋更换部件费用，而影响投影机总持有成本的因素，除售价之外，主要有三个方面：一是滤网的清洁和更换；二是灯泡的更换；三是光学面板的清洁与更换。换言之，售价在持有一台投影机的总成本中只占一部分，更多的花费会在后期的维护过程中产生。如果想减少后期维护过程中的花费，首先我们可以选择一款不需滤网的DLP投影机，因为此类投影机的高可靠性与超长寿命对学校来说是最适合的，尤其在偏远地区，没有足够人员负责清理与保养投影机，不需滤网的DLP投影机能够为学校省下一大笔维护费用，同时更确保投影机不会因堵塞的滤网而导致整机温度过高，造成投影机寿命减短。

除此之外，应根据教学内容进行课堂教学媒体的选择，如使用黑板、挂图模型、幻灯、电视、录音、多媒体等。对于某些课程，如计算机辅助设计、各种应用软件、机械制图等使用多媒体效果比较好；而对于高等数学、大学物理则建议采取教师讲解为主、计算机辅助教学为辅的手段来授课。现在许多青年教师把讲课的内容做成电子讲稿或幻灯片，并且主要是文字，上课时教师利用无线话筒讲稿进行授课，不对课堂教学进行媒体设计，这样不但教学效果较差，而且学生不愿意听，教学效率更会因此下降。高投入，却换来低产出，不正确的信息化应用方法同样也制约着学校教育信息化建设的发展步伐。

（三）网络的应用效率不高

随着学校规模的快速发展，校区的增多，各高校之间的资源共享要求的增多，教务管理信息系统要求尽快实现网络化，以便提高教务管理的效率。学校网络的建设，不仅要使资源得到共享利用，还应增强辅助教学的功能。如一些高校应用的教务管理系统只用于单纯的教务管理，而和教学相脱离。在地方高校的网络教务管理信息系统中，应加强课堂教学的辅助功能，时刻体现教务工作以教学为中心。网络系统的智能性和安全性有待提高。比如在教务管理系统中还应能够运用智能代理技术，以帮助教务管理者更轻松地管理教学、教师更方便地教学、学生更好地查询信息等。网络的安全是校园信息化建设的堡垒。网络版教务管理信息系统的安全性尤为重要，学生成绩的查询、选修课的选课密码等都需要很高的安全性。未来的网络信息系统，应该更加注重系统的安全性，才有利于教学工作的正常进行。

三、地方高校教育信息化建设存在的问题

（一）思想认识不到位

有些高校对教育信息化的重要性还没有充分的认识，没有将其作为一项重要的工作来抓；有些高校虽然在这方面做了一些工作，但没有建立教育信息化的领导决策机构，也没有制定教育信息化的总体规划；有些高校把教育信息化等同于教育管理信息化，忽视了教学信息化这一教育信息化的核心，重管理轻教学；有些高校在信息化建设的机构设置、人员编制上没有到位，没有形成相应的信息化建设队伍。上述这些问题，在很大程度上制约着高校教育信息化的发展。

（二）资源建设滞后

教育信息化的核心是教学信息化，教学信息化的基础是信息资源建设，但目前我国高校的信息资源建设存在滞后现象。究其原因，首先是在宏观上教育行政部门缺乏有力的指导和协调，推动的力度不够；其次是信息资源建设缺乏相对统一的标准，在开发上大家各搞各的一套，造成重复建设，并为以后的兼容留下隐患；第三是各个高校在信息资源建设上缺乏协调和合作，分散了信息资源建设的人力和物力。

（三）配套的政策支持缺乏

教育信息化将带来高校办学的开放化，办学开放化使得信息资源能够共享和再利用。而在现有的高校体制下，一方面，各个学校都有自己相对封闭的办学经济利益，如何解决因资源共享造成的各高校之间、教师个人之间的利益格局调整问题，迫在眉睫，需要建立相应的配套政策和协作机制；另一方面，在对教师个人的教学质量评估中，如何体现教学信息化的要求，建立相应的评价体系和激励机制，对教师的教学信息化工作予以认可和奖励，也是一个需要进一步去研究探讨的问题。

（四）经费投入不足

教育信息化是一项系统工程，既包括硬件等基础设施建设，也包括信息资源等软件建设。教育信息化初期投入比较大，需要有一定的经费保障。但目前一些高校的办学经费普遍比较紧张，这在一定程度上制约着高校的教育信息化建设。

（五）师资队伍水平有待提高

教师是教育信息化的实施者，教育信息化对师资队伍的素质提出了很高的要求，但我国高校现有的师资队伍还不能完全适应这一新的要求。一方面，教师的教育思想、教育观念受传统教育的影响很深，要接受新的思想观念还需要一个过程。另一方面，教育信息化对教师的知识结构、综合素质、信息化能力都提出了更高的要求，教师必须具备良好的信息意识，善于将信息网络上新的知识信息与课本上的知识信息有机结合起来，不断了解和掌握本学科及相关学科的新动向，以新的知识信息开阔学生视野，启迪学生思维。同时，教师还必须具有较强的获取信息、储存信息、加工处理信息、筛选利用信息以及更新创造信息的能力。此外，教师还要具有运用信息技术手段创造性地组织教学活动的能力。在我国高校目前的师资队伍中,上述这些信息化的素质和能力还有待提高,以适应教学信息化建设的要求。

第二节 教学管理要求体现自由的理念

控制与自由的矛盾集中反映了大学教学管理制度中管理者与教师、管理者与学生之间的关系。也就是说,教学管理制度要解决这样一对矛盾:既保障教师"教"和学生"学"的自由,又能有效实施对教学过程的控制,从而实现学校总体教学管理目标。

一、控制与自由的一般理论

控制与自由也是管理中的一对基本矛盾。控制的理念来源于古典管理理论——科学管理法。按照"科学管理之父"——泰勒的管理思想,管理的中心问题是提高劳动效率,而提高劳动效率的手段是用科学的管理代替传统的管理;在管理实践中,要通过建立各种明确的规定、条例、标准,使管理科学化、制度化。泰勒主张在劳资之间实行职能分工,由经营者承担"计划"(管理)职能,由工人担当"执行"(作业)职能。泰勒的科学管理思想是以重视经济动机的"经济人"假设为前提的。科学管理理论侧重研究物的或事实的方面,而不注重人的或价值的方面;强调管理法规的约束功能,不注意研究人的行为;着重解决如何提高效率的问题,不注意研究管理措施与整个社会的关系。因此,有人将它称之为人机关系技术论,控制理念下的管理必然是一种刚性管理。

管理上的自由理念则来源于现代管理科学的相关理论。现代管理科学突破了传统管理理论所谓"经济人""社会人"等人性假设,重视人的自主性和自我实现的需要,把人更多地看作是"自我实现的人""复杂人"。其中,人本管理、柔性管理、模糊管理等理论是这类现代管理理论的突出代表。

(一)人本管理

现代管理学中的人本管理是指以人的全面和自由发展为核心,创造相应的环境,以个人的自我管理为基础、以组织的共同目标为引导的一种管理观念和模式。它要求管理活动以"人"为中心,要求管理者将组织内人际关系的处理放在首位，维护人格的尊严，依据员工的需求、动机激励其士气。按照人本管理观，"人"既是管理的手段，又是管理的目的，是手段和目的的辩证统一。

人本管理有两层基本含义。一是以"人"为中心的管理，确立人在管理中的主导地位，把人作为管理的主体。管理的根本任务是调动人的创造性、主动性、积极性，最大限度地挖掘人的潜能。二是要把"人"当"人"去看待，以谋求人的全面与自由发展为终极目标，努力为满足人的自我实现需要创造条件和机会。在人本管理中，个人的潜能得到激发，组织也因此达到最大的绩效。即组织的成长与个体的发展实现了协调统一。人本管理落实到管理活动中，就是坚持以人为本的原则，从一个完整、科学的意义上去理解人。即管理者不仅关心人、激励人，而且注意开发人的潜能，促进被管理者人性的丰富和完善，促进人的全面发展。换言之，使人成为现代管理的出发点和归宿。

以人为本将发展的逻辑起点与终极目标归结于人自身，突出了人在发展中的主体地位和作用；强调发展是人的发展，发展是为了人的发展，人是发展的动力，是发展的关键因素。大学管理应当坚持人本管理的基本理念。

（二）柔性管理

柔性管理理论提出，现代管理除具有古典管理学家提出的计划、组织、指挥、控制、协调等基本职能外，管理还具有教育、协调、激励、互补等职能。柔性管理是一个从内容到形式都极其丰富的管理，它具有模糊性、非线性、感应性、塑造性和滞后性等基本特征。

1.在质的方面，柔性管理表现为模糊性

管理是以人或组织为对象的，人的心理倾向和行为倾向都是模糊的，其绝大多数时候是处在两个极端值的中间状态。因此，要求相应的思维方法和工作方法必须适度、客观。

2.在量的方面，柔性管理表现为非线性（即不可加性）

人的潜能具有很大的弹性，它因人、困境、因时而定。柔性管理的非线性特征主要表现有两点：一是工作中投入的精力与产生的效果呈非线性关系；二是个体人数与总体功能呈非线性关系。

3.在方法上，柔性管理强调感应性

人与人之间的感情的建立依靠理解和尊重，依靠对真理的崇尚和对美好的向往，依靠人格的高尚和互动的心灵，依靠不息的激情和至诚的精神，柔性管理的一个基本方法就是通过心灵沟通、感情认可，从而在自觉、自愿的情况下主动发挥人们潜在的积极性。

4. 在职能上，柔性管理表现为塑造性

表面的规定和服从只具有外在的作用，只有从心理上接受、从观念上转变才能真正产生"效忠行为"。柔性管理是塑造精神的高尚工作，一旦这种塑造成功，便在行为的质的方面表现出自觉性、持久性、抗干扰性等特点。

5. 在效果上，柔性管理常常表现为滞后性

柔性管理效果的滞后性是指从开始工作到发挥作用，在时间上出现的落差。这种落差揭示了柔性管理在效果上的周期性。这一特点要求人们在管理工作中不能急于求成，不能急功近利。

柔性管理与人本管理之间存在密切的联系，但二者并不是一回事。柔性管理是在研究人们心理和行为规律的基础上，主张采用非强制的方式，在人们心目中产生一种潜在的说服力，从而把组织意志变为人们自觉的行动。从柔性管理概念的内涵可以看出，它是一种更加深刻、更加高级的管理，是一种充分体现理性、体现自由的管理。柔性管理强调内在重于外在、直接重于间接、心理重于物理、个体重于群体、肯定重于否定、身教重于言教、务实重于务虚、执教重于执纪等基本原则。

马克思曾经指出发展一切生产力，即物质生产力和精神生产力。这里的"精神生产力"来源于受激励状态下的人，来源于柔性管理的特定职能。柔性管理的本质告诉我们，管理工作决不能仅仅依靠制度、规定和纪律来实现管理目标。它强调既要控制，又不是声色俱厉；既要控制，又要自然而然和自觉自愿；既要控制，又不违背人们的心理和行为规律。离开这些也就违背了柔性管理的原则。

（三）模糊管理

模糊管理也是支撑自由理念的又一个重要理论依据。英国莱斯特大学教育管理教授托尼·布什在《当代西方教育管理模式》一书中，根据管理的性质和作用，把各种管理模式分为六大类。其中，模糊模式包括所有强调组织中的无法预测性和易变性的理论。根据这种理论，组织的目标都是不确定的，按目标的次序来开展工作是困难的；学校组织系统内各部分之间的联系都是松散的；决策往往是在参与者不确定的状态下做出的；模糊性是学校这样的组织的普遍特点。这种模式认为，以往关于决策的选择理论过低估计了进行决策的混乱性和复杂性。托尼·布什概括出了模糊模式的九个主要特征。

第一，组织目标不明确。他认为，教师的专业自主权能够使他们自由地确

定自己的实际工作目标，并落实在工作中，而且，学校中不同的成员可能对目标有不同的理解，或者对同一目标的重点有不同的看法。因此，组织没有一致的、明确的目标。目标的模糊性使任何意义上的教育目标的实现都不可能成为学校管理工作的中心。

第二，组织管理的手段和程序不清楚，管理的过程也难以明确。这在工作对象是人的学校组织中尤其如此。事实上，对于想让学生学什么，学生应该如何学，以及学生已经学到了什么，教师通常并不十分清楚。

第三，组织具有分解和松散联结的特征。松散联结是指联结的各个方面都是互相影响、互相作用的，但是，每个被联结的方面也都保持它自身的特征，具有一些逻辑的和物质的独特性。它们之间的联系是有限的、不经常的，影响是微弱的。

第四，组织的结构不确定。在教育组织中，组织各部分权力和责任是互相重叠的，权力的范围是不清楚的。组织结构越是复杂，潜在的模糊性就越大。正规组织结构的模型掩盖了这种模糊性的存在。

第五，模糊模式尤其适合以人为工作对象的专业性组织。学校组织正是如此。学生们通常都希望对有关决策发表自己的意见，教师往往希望对学生的需要做出及时的反应，而不是在等级制中的上级领导的直接监督指导下进行工作。

第六，提倡模糊性的理论家们强调组织管理中参与者的流动性，即参与决策的成员时多时少，无法固定。

第七，模糊性的一个重要来源是组织所处环境的信号释放。现在教育机构的生存与发展越来越依赖于外部的环境。开放宽松的教育模式方便家长能够对学校施加更多的影响和压力。

第八，组织的决策通常是一种无计划的决策。模糊模式认为，正规模式中按计划、有步骤地进行决策的过程，在实际工作中几乎不存在。问题、解决问题的方案以及参与解决问题者这三方面因素，在相互影响、相互作用等无序状态下产生出最终的决策方案。

第九，模糊模式强调分权的优势。它认为，既然组织具有复杂性和不可预测性，那么，就应该将许多决策权移交给下级单位和个人。

人本管理、柔性管理、模糊管理是相对于科学管理、刚性管理、量化管理而言的。长期以来，人们重视刚性管理和量化管理，强调被管理者的遵守和服从，强调被管理者完成数量指标。柔性管理、模糊管理等理论既体现了一般管理的本质——控制和协调,又体现了现代管理的新理念——"人本"和"柔性",因而,本质上支持现代管理的自由理念,顺应人们心理和行为的基本规律。

二、教学管理要求体现自由的理念

教学管理中的自由理念,与现代管理理论的柔性管理、模糊管理等理论是一致的。大学教学管理制度需要体现的自由理念,也就是柔性管理或者说弹性管理的理念。它要求尊重学生的兴趣,发挥学生的特长,满足学生学习的愿望;它强调尊重师生个性的发展,增加学习的选择性,加强管理的弹性。一言以蔽之,它重视教和学的自由。

(一)学习自由是大学生自由发展的前提条件

按照古希腊哲学家的观点,个人只有在自己"自主"时才是真正"自由的"或"充分发展的",大学教育过程的真正主人原本就是大学生自己,学校和教师只不过是学生成长和进步的服务者和助跑器而已。大学教学管理者必须树立"一切为了学生"的指导思想,通过调动学生内在的积极性和创造性,促进其生动活泼地发展,不能寄希望于刚性的管理制度来"强迫"学生发展。联合国教科文组织早在《学会生存》报告中就提出了这样一条基本原则:"现代教学,同传统的观念与实践相反,应该使它本身适应学习者,而学习者不应屈从于预先规定的教学规则。"

德国哲学家雅斯贝尔斯早就对大学生学习自由问题进行了深刻的阐述。在他看来,大学生是能够独立自主地把握自己命运的人,他们应该获得学习的自主和自由,他表示大学生是未来的学者和研究者。原则上,学生有学习的自由,他再也不是一个高中生,而是成熟的、高等学府中的一分子。如果要培养出科学人才和独立的人格,就要让青年人勇于冒险。

学习自由是大学生个性和创造性的基石。自由、个性、创造三者之间是紧密联系,它们组成一个自由创造的生态链条。教育的基本目的在于使每个人成为他(她)自己,成为他超越本我的自我,成为自由创造者。大学生个性和创造性也需要自由的制度来保障。

(二)教学自由是教师专业发展的基本保障

对教师教学活动的管理也要体现自由的理念。大学教师的教学活动具有很强的专业性和独立性,其方法不太确定,情景变化无常,工作成果难以客观评价等。因而，对大学教师教学工作的管理，固然需要相关的管理制度来规范，但更需要依靠广大教师的自觉和自律。要保障大学教师的专业自主权，赋予其在教学上的自由。对于教师来说，教学就像一条实践的河流，河水是流动的、变化的，没有简单的起始与终结之分，教师面对的始终是变动不定的教学实践的情境。

总之，大学教学过程不仅仅是知识传递的过程，更是一个知识再生产和再创造的过程。因此，大学本科教学管理既要强调规范意识，又要体现教学自由的理念。一方面，制度要对教师"教"的行为、学生"学"的行为进行必要的规范，以保证教学管理目标的实现；另一方面，制度也要体现教学自由的理念，能够激励教师创造性地"教"，激励学生生动活泼地"学"。

三、大学教学管理制度中控制与自由的协调

良好的管理应当既有纪律，又有自由，既有统一意志，又有个人心情舒畅。这里包含两重含义：一是要有能够集中反映组织成员利益和意愿的恰当的组织目标和组织规范，使组织规范尽可能成为每个成员的自觉行为；二是既要有严明的组织管理，以保证组织目标的实现，又要恰当把握约束的尺度，尊重组织成员个人的自由，从而更好地调动每个成员的积极性。也就是说，在组织内部的管理制度建设上，要在控制与自由之间寻找平衡点，因此，大学本科教学管理制度中自由理念的体现，要制度的安排把握好刚性与弹性的度，妥善处理好制度中控制与自由的矛盾。

（一）大学教学管理目标需要基本的规范来实现

管理制度是组织存在和有序活动的保证。没有规矩不成方圆。大学作为一种规范型的组织，为了保证教学最基本的秩序，为了提高教学管理的效率，为了实现教学管理的基本目标，建立相应的管理制度是实施教学管理不可缺少的要素。因而，大学教学管理活动必须建立在一定的管理规范约束基础上，不是盲目地、随意地管理，不是放任自流。在管理过程中，任何人（包括教师和学生乃至管理者本身）都应当自觉遵守教学管理制度，自觉维护教学管理制度的权威性。因此，大学不仅要加强教学管理制度的建设，还要通过制度的制定、执行和完善，使之逐渐成为广大师生员工自觉的行动，成为大学文化的重要组成部分。

（二）大学教学管理制度需要具有一定的弹性

大学教学管理系统需要一定的管理制度，但是，大学教学管理的性质和特

点决定了大学教学管理制度必须富有弹性，必须具有一定的灵活性。大学教学活动是一种精神性、学术性的活动，是一种文化活动，它不以追求直接的功利为目的。大学活动的文化特性要求相应的管理制度具有一定的弹性，要求制度更多地体现对师生的人文关怀，以保障大学文化传承和创造的必要环境。因此，大学教学管理制度建设要体现人本管理的理念，要体现柔性管理的原则，从而保障"教"和"学"的自由。

现代大学教学管理制度的建设也要坚持这样一种价值取向，即注重"柔性"教学管理规范的设计和建设。即使是"刚性"的管理规章制度，也要处理好提高教学管理效率与对师生的理解、尊重、信任和关心之间的系，以形成一种能够充分激发师生教与学积极性的组织规范体系。

刚性的、基于科层制的制度安排虽是支持大学组织运行的不可缺少的要素，但本末不能倒置，维护大学组织的文化特性和文化精神才是现代大学制度建构的根本取向。大学组织的特殊性要求其"内协调"的制度安排不同于一般制度的"刚性化""标准化二而应是"弹性化""个性化"。

总之，大学本科教学管理制度的建设，既要体现学校的意志和利益，又要保障师生的自由和利益，要在教学活动的控制与自主、约束与自由之间保持适当的张力，努力营造开放、自由、协调、宽松的大学教学管理制度环境。

第三节 学校管理要求体现服务的理念

管理与服务是现代管理的一对基本矛盾。大学本科教学管理制度中的管理与服务，集中反映了大学教学管理中管理者与教师、管理者与学生之间的矛盾。这里强调的是教学管理制度如何保障教学管理者既当好"指挥官"，又当好"服务者"，既履行管理职责，又履行服务义务的问题。

一、管理与服务的一般理论

"管理"是管理者的基本职能，这本来是毫无疑问的事情。管理过程学派的创始人法约尔认为，计划、组织、指挥、调节、控制等是管理者的基本职能。他根据切身经验提炼出了管理活动的十四项原则，即分工、权限与责任、纪律、统一指挥、统一领导、个人利益服从整体利益、公平的报酬、集权、阶层、秩序、公正、职工的稳定、创造性、团结。美国的古利克在《管理科学论文集》中，把管理职能理论加以系统化，提出了著名的POSDCRB管理七职能学说，即计划、组织、人事、指挥、协调、报告、预算。但是，这些职能只能称其为传统意义上的管理职能。传统的管理重事、重物、不重人，是一种科学管理，是一种客体管理，在传统的管理思想指导下，管理者与被管理者之间的关系是一种命令与服从、控制与被控制的关系。

但是，按照现代管理理论，仅仅依靠"科学管理""客体管理"是远远不够的，管理者还必须重视"人"的因素，关心人、尊重人、依靠人，实现人的发展与事业的发展双赢，这就意味着，传统管理者的角色发生了变化，从纯粹"管人的人"逐渐转变成既要履行管理职责又要履行服务义务的管理者。即除了履行组织、指挥、控制等职能外，管理者还要做好服务工作，为确保实现管理目标，向被管理者提供知识的、信息的、物质的、精神的等各相关服务。这就是所谓领导即服务、管理即服务等类似命题的真正内涵。

管理即服务的命题来源于人本管理理论。人本管理理论是20世纪80年代以来，西方管理学科发展的主要潮流和趋势。理论界关于人本管理内涵和外延尚有争议。有位学者在总结各家观点的基础上，给人本管理下了如下的定义：一种把"人"作为管理活动的核心和组织最重要的资源，把组织全体成员作为管理的主体，围绕着如何充分利用和开发组织的人力资源，服务于组织内外的利益相关者，从而同时实现组织目标和组织成员个人目标的管理理论和管理实践活动的总称。

人本管理理论强调，要实现从重视"硬管理"到重视"软管理"的转变，从重视理性到重视情感的转变。简单地说，就是在管理活动中把"人"作为管理的核心；根据人的心理规律，提高对行为的预测和控制的有效性，创造条件，使被管理者从心理上产生高昂的精神、奋发的热情和自觉的行动。有的学者指出，当代管理学的人本管理取向同我国儒家仁爱管理精神是非常相通的，儒家在管理思想上的一个鲜明特点就是强调管理要以人为本。

人本管理理论认为，人是具有自觉性、能动性和主体精神的人，是社会的主人，从而可以更有效地指导现代管理实践。这反映在管理实践中就是要注重员工的培训，促进员工个人发展，改善劳动制度，加强感情投资，实施参与管理，培养员工的合作精神，注重领导方式的灵活性。其中，促进组织成员的发展，为其提供良好的服务，则被看作信息时代实施人本管理的关键。

二、学校管理要求体现服务的理念

人本管理理论为分析现代学校管理提供了有力的依据，为建设柔性的大学教学管理制度提供了理论支持。现代学校管理要体现服务的理念。

（一）大学教师管理的特点要求体现服务理念

大学教学管理的主要对象是教师和学生。然而，教师和大学生既是管理的对象，又是管理的主体。大学教师是一个具有较高知识层次的特殊职业群体，其特殊性主要表现在三个方面。

第一，教师具有较高层次的需要。按照马斯洛的需要层次理论，教师除具有较低层次的生理、安全等需要外，对较高层次的爱与归属、尊重、自我实现等需要有更强烈的追求。

第二，教师具有管理者和被管理者的双重身份。他们既是教学管理活动的客体，又承担着管理教学过程的责任，具有较强的自主性倾向。

第三，教师的工作是独立性较强的脑力劳动，而脑力劳动是无形的，其劳动强度、额度、进度、质量很难加以量化控制，在更大程度上取决于人的自觉性和责任感等。

（二）大学生身份的转变要求体现服务理念

当每一个受教育者变成了主动探索的学习者，他就不再是纯粹的受教育者，而是教育的选择者、使用者、消费者和评判者。这时候，教育不再是"卖方市场"，大学正逐渐变成"教育超市"，而大学生正逐渐变成"教育超市"中的自由选购者。这就要求现代大学教学管理要强化服务理念，把为"教"设计的教育变成为"学"设计的教育，为大学生学习的进步和个性发展提供全方位的服务。

三、大学教学管理制度中管理与服务的协调

按照现代管理的要求，大学教学管理既要体现管理活动的自然属性组织、指挥、协调与控制，又要充分体现对教学活动的支持服务。对教学管理者而言，这本身是一对基本矛盾。大学本科教学管理制度要体现管理活动的服务性要求。

大学教学管理者的权利与义务是对应的。"服务"是"权""责"统一的基础，"权力"是服务的工具，"责任"是服务的体现。"权力"越大，服务的"责任"

越大。服务并不意味着管理者身份的降低，而意味着其职责范围的扩大，其管理职能的延伸。因此，仅仅通过制度明确大学教学管理者的权力和职责是不够的，还要通过必要的法律程序明确其相应的管理义务。只有在制度上明确了教学管理者应该为师生做些什么事情，做到什么程度，做不到或做不好应该受到怎样的处罚等，才能真正约束大学教学管理者履行管理义务，全心全意地做好相关的教学服务工作。

大学教学管理者对教学进行管理显然是十分必要的，但是，大学教学管理者对教学的指挥、控制是有限度的，不是绝对的、无止境的。相反，大学教学管理者为师生提供教学支持服务却是绝对的、无限的。高等教育市场的逐步成熟，终身教育体系的逐步形成，要从制度上明确教学管理者如何为实现教学目标和学习目标服务。此时，所谓的教学管理制度应当建成教学服务制度或者学习服务制度，也就是说，大学教学管理者能做的是直接或间接地"帮"教、"帮"学，为教师的学术发展服务，为大学生的成长和进步服务。

从上述分析可知，大学教学的管理与服务职能是相辅相成、相得益彰的。一方面，要通过制度保障管理者全心全意为教学服务，尊重并尽力满足师生的各种教学需要。例如，健全和完善教师定期培训和进修制度，提高其业务能力，使其创造性地投入教学；从大学生多样性的学习需求出发，为他们提供学习指导、信息咨询、资源保障、教育诊断等各种学习服务。另一方面，要通过健全教学支持服务系统（体系）来满足教师和学生的多种需要。如通过各类管理人员积极有效的管理行为，为教学活动提供物质和精神保障，开辟经费渠道，改善教学条件，为师生创造一个良好的教学环境。

第四节　高校教育管理信息化的创新与挑战

一、大数据对高校教育管理模式的重要意义

（一）创新高校教育模式

传统的教学是一对多的教学模式，并且要求教学必须在固定的教室内进行灌输式授课。固定模式教学使学生和教师的课堂互动较少，满足不了学生学习

的需求，而大数据时代的教学通过互联网学习平台、网上课堂、移动数据图书馆等进行，不仅满足了学生的需求，而且不再局限于传统教学模式，使学生可以随时在网络上下载书籍和资料，弥补没有教师教学指导的不足。学生单独根据自己的爱好去学习大多是杂乱无章的。因此，高校的教师可以根据知识管理系统分析学生学习的习惯、爱好，提供给学生一个适合他们的教学方法。同时，学生也可以进入本校校内信息系统进行学习，这能够帮助学生提高学习的积极性，养成良好的学习习惯。

（二）提高高校管理水平，推动管理创新

随着大数据时代的到来，高校的各个部门的系统都记录着每个学生学习与生活的信息数据。现在信息化程度越来越高，各类电子设备逐渐深入人们的生活，几乎每个学生都拥有一部智能手机，并且各类软硬件设施产生的数据真实、可靠。应用大数据进行挖掘并整合数据让高校能够更加快速地得到各类信息，然后再与学生教育工作相结合，实现有效的服务与管理，进而促进高校管理的创新。

（三）促进学校之间的信息交流

高校的科学研究数据与成果共享是所有学术科研人员所盼望的事情，但是因为有很多的条件限制，学术数据与成果的共享一直未能实现，这使各个学校科研人员之间的交流较少，出现重复性研究的情况。大数据技术满足了高校科研探究成果的共享，使各个高校科研人员之间增加交流与信息交换的机会，促进了各个高校的学术交流合作。

（四）创新学生思想教育工作模式

在生活中，互联网已经深入每个角落，它成为学生的一种学习生活方式。一方面学生在网上查阅资料、观看视频，产生大量的数据，这些数据真实地反映了学生的思想、情感生活；另一方面，学生的心情受到互联网的影响，高校运用大数据技术，创新学生的思想教育工作方法，让学生更易接受思想教育，并且可以及时纠正学生不良思想，促进学生的健康成长。

二、大数据时代高校教育管理创新的方向

（一）大数据时代对高校教育模式进行了创新

虽然大多数的大学课程是开放的，允许非专业的学生进行学习，但是教学资源仍然只能集中在本校，无法传播给其他大学。大数据时代，将根本改变这

种集中教学模式，教师可以将自己的课程上传到网络。一方面，可以让学生反复聆听加深印象，把握重点；另一方面，网络教学的受众更广泛，其他大学的学生或社会人员都可以听课，教育不再局限在本校内。现在，网络教学的模式已经很普遍了，例如，目前流行的MOOC优质教学资源，使得普通大学的学生也可以享受一流大学的教学资源。MOOC是对我国教学资源不平衡的一个很好的补充，它除了具备其他在线教学的优势，还有自身独特的优势。事实上，网络教学模式在高等教育大数据和管理时代产生的影响是深远的，它不仅要继续发展并应用到传统课堂教育管理模式中，还要把关注点放在网络教学方面，以保证良好的教学效果。

（二）大数据时代对高校教育的评价模式进行了创新

教育评价是高校教育体系建设中的一项重要内容，在优化高校教育管理、提升教育质量等方面发挥着不可替代的作用。为了从根本上优化教育评价模式，有效适应大数据时代的要求，要积极将大数据应用到教育评价模式构建中，借助大数据手段进行教学评价研究，为提升教育综合水平提供根据与支持。大数据时代让传统教育评价发生了巨大改变，使教育评价不再有过多的主观色彩及经验之谈，变成了以客观现代科技为支持力量的客观评价模式。这样不仅能够有效获取不同教学平台中的数据信息，获知学生对不同导师课程的点击量，还可以借助活跃度调查的方式完成对教育整体的评价，保证评价活动在客观数据的支持下提升质量。

三、大数据时代下高校教育管理信息化创新思考

（一）积极打造互联共享的网络平台，全面推进教育改革

在大数据时代下，高校教育管理的实施离不开全面系统的网络平台作支撑，科学的网络平台，不仅能够切实提升教育管理的水平，还能够全面覆盖管理过程中的诸多信息内容。一方面，在高校教育管理中，高校应该结合自身的信息管理现状加大技术投入，强化技术变革，积极推动高校信息资源的全面发展，同时，有效提升教育管理者的信息思维方式，引导他们积极转变教育管理模式，充分借助信息技术手段，全面收集和整理教育过程中的信息数据，更好地为高校教育管理服务。另一方面，在大数据时代下，高校教育管理者还应该创新教育方式、优化教育理念、更新教育内容，充分依托分类整合的信息数据来指导

实践，保障教育管理决策的科学性。与此同时，依托便捷快速的网络系统，强化教育决策的透明度，引导学生积极地为教育管理谏言献策。另外，在教育决策论证阶段，高校也可以通过网络平台来邀请学生加入论证行列，全面实现数据的透明化和参与的民主化。比如，在某一决策论证中，高校可以通过大数据来分析学生群体的真实意见，便于其他学生接纳教育管理决策。因此，在大数据时代下，高校教育管理者应该注重"从学生中来，到学生中去"，综合全面地提升教育管理的整体水平。

（二）高校信息化管理模式的创新发展

在大数据时代，高校教育管理不再是统一、僵化的传统管理方式，而是科学、全面的立体化管理方式。为实现教育管理决策的科学化与透明化，为提升教育管理决策的整体效益，高校应该在教育管理中积极开创全新的教育管理模式，综合提升教育管理的水平。一方面，在大数据时代下，高校教育管理者应该依托快捷共享的网络平台，全面收集与整理师生发展中的各类信息，结合他们的实际需求，为他们匹配更加完善、更加人性化的教育管理服务，实现教育管理的人性化和精细化；另一方面，在高校教育管理中，管理者要积极推动教育管理的创新，借鉴商业智能技术，有效提升信息处理、利用的效率，针对随时更新的信息数据，及时做出关键性的教育决策，充分保障教育管理决策的科学性。

（三）全面加强校园网络安全建设

在大数据时代，高校教育管理需要充分依托快捷的网络平台。网络平台的开放与共享，一方面给高校教育管理带来了便利，另一方面也增加了高校信息资源利用的风险。因此，在高校教育管理信息化改革进程中，应该全面保障信息安全，积极构建信息网络，综合提升信息管理的质量与水平。首先，高校应该加强网络行为的监测与管理，采用入侵监测系统，及时修复网络安全漏洞。其次，高校还应该从源头上保证信息数据安全，积极建构校内网、局域网，服务器需要设定对应的访问权限及拷贝权限。最后，高校还应该加强网络队伍建设，不断提升、优化网络队伍的整体素养和综合素质。

第五节　改革并完善高校信息化教育管理

一、引入先进的管理理念

只有在先进管理理念的指导下,教育管理才能富有成效,适应时代的发展。在信息化时代,高校教育管理者除了要具备教育管理能力,还应具备先进的管理理念。

（一）主动适应性理念

主动适应性理念是指教育管理工作应主动适应社会发展的需要,随时随地捕捉信息社会对人才的需求,及时调整教育管理思路,顺应时代的潮流。主动适应性理念将成为高校教育管理的指导思想,强调适度分权,针对内部要素和外部环境的变化采用灵活的方法来应对。

（二）人本观念

学校管理的核心在于教学管理。人本观念首先体现在管理过程中将人的主体地位放在首要位置,促使教师和学生在工作和学习的过程中充分参与管理实践,以获得身心综合发展的能力、知识等。学生是学习的主体,教师是教学的主体,他们拥有积极创造的内在潜能,对于提高教育管理质量来说,意义重大,因此,学校在具体的管理中一定要注意激发师生的创造力,充分调动他们的主观能动性,以便有效提升教育质量。

（三）全面质量管理理念

全面质量管理理念源自公司管理思想。全面质量管理是指一个组织把质量当作核心,将全员共同参与作为根基,目的在于让顾客满意并且让组织中的全部成员得到社会收益而获得持续成功。高校教育管理实践中的全面质量管理包括以下几点。

1. 全过程质量管理

要想把教育目标放在核心位置,科学、有序地实施教育教学活动,就要加强对教育教学环节质量的全方位把控,尤其是要保证不同环节的有效衔接,确定不同环节要达到的质量标准。

2. 全方位质量管理

要想进行综合性管理,就要将影响或涉及教学质量的环节和因素都考虑到。比如,对后勤服务部门、管理部门等的工作质量进行管理,它们的工作会直接影响到教学质量和教学工作。

3. 全员质量管理

学校的各个部门、每一位成员(包括全体教师和学生)都应该积极主动地参与质量管理,努力提高自己的工作质量、学习质量,共同努力以培养高素质的专门人才。

二、利用信息化手段调整教学计划

要深化教学改革,第一步要做的就是调整教学计划。只有好的教学计划,才能保证好的教学质量。制订好教学计划,是建立教学体系、安排教学任务、组织教学过程的基础。教学计划一般是在国家教育部门的指导下,考虑全局效益,由教育学家或相关人员制订的。教学计划符合教学规律,一段时间内稳定不变,但从长远来看,也要及时进行调整和修正,适应社会经济的发展和科学技术的进步。

教育管理者需要改变传统的教学观念,及时修改和调整教学计划。原因有以下几点。一是当今科学技术和社会经济对人才的要求越来越高,要综合社会人才的要求来制订教学计划。二是就人才的成长而言,大学只是学习的一个阶段,是终身学习的一个部分,并不是学习的终点。因此,在大学时期,学生不仅要注意加强专业知识的学习与积累,还要掌握学习方法,更要学会生存、学会共同生活、学会做事。除此之外,还要注意提升创新能力与创造力。三是从整个世界来看,经济全球化的趋势发展迅猛,中国的人才要走向世界,中国教育也要注重对国际化人才的培养。

信息化时代要求教育工作者紧跟时代潮流,准确预测社会对人才要求的改变,培养符合国家要求的人才。要达到这一目标,我们应该加强对信息技术手段的合理化应用,科学地制订教育计划,并对其进行实时监控和及时反馈,制定教学方案的评价标准,使高校毕业生尽量满足社会的要求。

大数据环境下高校教学计划的制订应遵循以下几点。

（一）教学计划的要求

1. 客观性

要尽量按社会主义市场经济的要求，设计多种人才培养模式，也要尽可能地考虑到未来环境的变化，设计多种智能结构。

2. 灵活性

学生要找到适合自己发展潜力的学习模式，学校要尽可能提供不同种类的培养模式。学校要充分、合理地应用信息技术，给学生提供充分的选择，也要针对不同学生的不同特点设计符合其个性的教学过程，将学生培养成具备以下素质的人才：整体素质高，基础扎实，专业能力强，注重知识的全面发展，能借助网络拓宽眼界、丰富知识面，拥有终身学习与可持续发展的能力。

（二）制订教学计划的一般程序

对人才培养目标和业务类示范专业进行分析，了解有关文件精神和规定；制定教学纲领，系（院）教学委员会进行审议，由学校教学工作委员会复审核查，核查签字后由执行校长签字确认。

（三）大学教学计划的内容

大学教学计划的内容主要包括两个方面：确立合理的专业培养目标，设置合适的课程。在专业设置和专业培训目标的确立上，主要应用调查的方法。学校要充分利用信息技术，借助网络收集信息，收集后可以借助计算机对信息进行统计分析，得出结果。同时，学校还应注意以下几个方面。一是要进行可靠的预测，对毕业生的就业情况有一定的把握，毕一业生只有满足社会的要求，才能有较高的就业率。二是要引入更多的优秀教师、完备的实验仪器和必要的书籍，生活设施也应该尽量完善。三是要形成宽口径专业教育模式，目前的情况是教学信息越来越容易获取，学习知识也变得更加容易，但是要进行知识的重组和创新比较困难，所以要重点培养学生的综合素质。四是学校要有自身的特点，学科建设要结合学校的地域优势和传统优势学科。五是要考虑到专业的冷门和热门问题，并且及时调整，满足需求。

在信息时代下，高校要实施教育教学管理首先应相对稳定和严格地执行教学计划，为此可以制定以下两条准则。第一，将教学计划分为学期教学计划和年度教学计划，制定工作表，安排好每个学期的教学任务、教学教室等。第二，由相关部门制订教学组织计划，如社会实践计划、实习计划、实验教学计划、培训计划等。要有适当的政策、环境和保证教学的基础设施，还要与教育管理者和教师、学生相配合，这分别是教学计划顺利实施的内外部条件。

高校在实施教学计划时要把握五个方面。一是要切实维护教学计划的严肃性和权威性，严格遵守教学计划，可以适当调整。二是在具体的实施过程中，遵照教学大纲的要求，严格教学计划材料。三是加强教师群体的力量，确保教学第一线教师的素质能适应教学计划。四是制定教学质量评价方案并严格监测执行，可以借助信息技术建立自动的监测和反馈系统。五是教学组织与管理要严格按照教学计划进行。

三、改革学生的培养方式与管理模式

信息时代要求人才具有更高的素质，改革学生的培养方式和管理模式是必要的，信息技术为这项改革提供了条件。大数据环境下改革学生的培养方式主要体现在以下三个方面。

（一）在教学中采用参与式教学法

该教学法主要以提问式教学活动、开放性学习内容为特征，题目无标准答案，作业、论文也很少，甚至没有，给学生充足的时间自由思考。学生利用网络技术和计算机技术收集相关信息来解答问题，通过对问题的解答完成知识的学习与内化。在这样的学习实践活动中，学生不仅掌握了借助网络解答各种问题的能力，而且学会了与"问题"有关的知识。另外，要因材施教，针对学生自身的特点确立恰当的培育目标，设置严谨的学习规划，尽可能地让每一个人都能得到很好的发展。

（二）努力培养学生的社会实践能力，加强实践教学

高校的教育与社会实践相结合是培养学生实践能力的重要方法，应大力倡导学生参与社会实践活动，充分发挥"社会—学校—教师—学生"多位一体的培养方式，真正培养社会需要的创新型、复合型全面发展的人才。

（三）鼓励学生跨学科学习，培养全面型人才

当今社会，随着信息技术的发展，新的学科不断涌现，这些新学科大部分是由学科交叉形成的。建立交叉学科培养机制，鼓励学生跨学科学习。在基础学科较强的高校中，要打破不同专业教育壁垒，创建跨学科教学的培养机制。

具体实现过程如下：以培养计划为基础，为学生选定必修课程，这些课程是跨学科的，包括文学、理学、工学等多个领域，以便对学生的综合分析能力进行有效锻炼，培育学生创新思维与创造力；要提供多种专业、多类课程、多个教室让学生选择，这样学生就能根据个人兴趣制定自己的培养目标，进行自主学习；应完善相关课程，抓住交叉学科的新增长点，组织多学科的力量开展教学，配备必要的教师，形成跨学科的教学模式，激发学生的创新意识，不断探究新领域，全面发展自己。

在学生培养模式改革的基础上，也要对学生的管理方式进行改革。目前，大多数高校实行学分制，这种管理模式灵活性不够，约束力太强。在当今大数据环境下，对学生的管理应提倡注重学生个性化。高校学生管理系统要以学生为主导、以教师为辅助，建立学生服务中心。具体操作有以下几点：一是建立心理咨询、急救救援、工作研究、学习指导机制，建立相应的社区管理部门；二是以学生宿舍为基础，取消班级，8~15名学生和教师形成一个整体；三是由研究生或高年级优秀学生协助管理，为学生提供指导。这种管理模式可以实现学生的自我教育、自我管理和自我服务，能够让学生的综合素质得到有效提升。

四、加强课程体系评估改革

在信息时代，知识变得越来越重要。高校课程体系评估改革要特别注意以下几点。一是课程体系的整合，对不同学科之间的课程研究越深入，整合程度越高。二是课程体系的完整性，课程越多，内容越丰富，体系越完整。三是课程体系的可持续发展，它是指随着科学技术的变化和发展，高校课程体系要及时进行自我调整和自我更新。四是课程体系的结构要平衡，课程体系的层次结构和内部关系要平衡，相互之间的配合度要高。

根据这些指标，在改革课程体系时，我们应该注意以下几点。首先，要注重更新教学内容。教学内容要具有思想性、科学性、前沿性和创新性。要及时以课堂教学和网络教学相结合的方式，积极开展网上教学。其次，要重视跨学科课程建设，重视理工科类和文学类学科的相互渗透，密切关注综合学科和交叉学科的创建。再次，要重视总结近年来课程体系改革与教学内容的成果和经验，并且从中吸收有用的成分，积极扩展教学内容，进行教学改革。另外，还应该增加课程的种类和数量。最后，要注重课程比例的合理设置。如今，高校基本实行学分制管理,学生的课程分为必修课和选修课,必修课和选修课必须有合理的比例。

五、教学评价体系科学化和规范化的建立

教育评价中教学评价是至关重要的,教学评价就是依据特定的教学目标在一定的教学系统里搜集信息、精确理解,经过科学、全面的分析,使评价客观有效,为教学质量的提升提供支持,也为改革提供一些凭据。教学评价对教学意义十分重要,它可以用于指导,也可以帮助决策,还能进行适当的反馈。依据高校教学的特点,教学评价体系应当全面且多元化。

首先,要确定教学评价的对象和主体。一是要确定教学评价的对象,按评价对象教学评价可分为三种:整体教学评价、专业教学评价和教学评价。二是确定教学评价主体,只有主体多样才能更全面而深入地进行评价,要有自评和他评,还要有学科专家、管理干部、领导和社会对教学进行评价。其次,要有不同的评价标准。对于学生而言,针对不同的情况要有不同的标准,如学校、专业和年龄等。

第六节 高等教育管理与大数据密切连接

一、完善教育管理制度

教育管理制度根据国家教育法律、法规等,由上级领导部门决策并制定条例与规则,作为教育的一个重要手段,维护正常的教学秩序,是一个国家的教育政策和制度的组成部分。

高校的教育管理制度主要有四个部分:关于教育材料的管理,如教学计划、课程安排和总结等;关于学校学业进程的管理,如考试、教课进度、资料档案管理和课程的调换等;关于教师和教育管理人员的惩罚和奖励;关于学生的管理。

为了提高教学质量,不仅要有教育管理制度,还应立足于各校实际,设立符合其校情的其他制度。第一,应多开教学工作讨论会,要确立详细的会议制度,

按期举办研讨会并进行会议指导,使教学制度化。第二,管理要制度化和规范化。第三,应合理安排考试,重视管理考试程序并使其制度化。第四,建立和完善毕业生就业质量评价体系,不仅要分析、评价结业论文,还要对毕业生就业后的表现予以关注。第五,应找专门人员对教学管理进行定期、合理的监督。第六,应研究、革新教学工程体系。第七,职业教育的评价要标准化。第八,应定期考查教学成果,如英语四、六级和全国计算机考试的合格情况,以及职称结构和教师资格等。

二、校园网推动教育管理的作用要发挥好

环境是基础,教育管理的基础就是校园网络平台的建设,如今的教学离不开这个信息平台。一是要特别注重校园网的作用,尤其要考虑其整体的发展,合理进行规划。二是要统筹设计,充分考虑并实行网络的开拓、软件开发和校园网建设。在施工中必须非常理性,做好网络接口,分阶段建设,使效益最大化。三是软硬件要结合起来,共同建设。由于设计软件耗时长,在进行网络改进时耗费时间会更多。教育管理的信息系统是由多方面组成的,可以独自设计,也可以购买现有系统加以使用,要尤为关注的是软件必须要合适并可以共用。四要是加强深造、培训。校园网影响全校教育管理人员、教师和学生的校园网络生活。学校应重视对教师实施优化管理及专业化的教育培训,合理制定有效规划,使学生和管理人员都能够充分应用校园网满足各自差异化的需求,产生对校园网的认同感。五是要加强对校园网的使用。建设校园网的最终目的是创造效益,只有加强对校园网的应用程度,加强对校园网的完善力度才能够真正发挥和增强其价值。

参考文献

[1] 刘嘉豪, 曾海军, 金婉莹, 李至晟, 祁彬斌. 人工智能赋能高等教育：逻辑理路、典型场景与实践进路[J]. 西安交通大学学报(社会科学版),1-15.

[2] 刘卫锋, 程朴. 我国高等教育治理体系的现代化研究[J]. 黑龙江教育(高教研究与评估),2024,(03):6-13.

[3] 翟亚军, 张微, 王战军. 我国研究生教育管理组织的历史演进与嬗变[J]. 研究生教育研究,2024,(01):8-16.

[4] 房欲飞, 魏芬. 行政管理人员：高等教育国际化不可忽视的群体[J]. 湖南人文科技学院学报,2024,41(01):116-122.

[5] 蓝媛慧. 整体性治理视域下我国高等教育管理大数据赋能路径研究[J]. 湖北经济学院学报,2024,22(01):120-125.

[6] 刘献君. 智慧教育背景下高等教育管理变革探究[J]. 高校教育管理,2024,18(01):24-32.

[7] 宋帅奇, 潘巧红, 陈亮亮. 中美高等教育教学组织与管理的差异性分析[J]. 教育教学论坛,2023,(49):47-50.

[8] 缪长宗. 高等教育管理研究与大学生创新创业能力培养[J]. 湖北开放职业学院学报,2023,36(22):7-9.

[9] 朱琳. 新媒体背景下高等教育管理的创新与实践——评《当代高校教育管理研究》[J]. 教育发展研究,2021,41(23):86.

[10] 阮荣龙. 我国高校安全教育问题研究[D]. 武汉：华中师范大学出版社,2021.

[11] 彭玮婧. 高等教育治理现代化进程中的政府角色定位及其实现[D]. 长沙：湖南师范大学出版社,2021.

[12] 许衍琛, 许衍琛. 钱穆高等教育管理思想研究[M]. 广州：暨南大学出版社:2021.

[13] 周长明,等.高等教育改革发展历程及规划研究[M].北京：中国华侨出版社:2020.

[14] 刘宏,等.国际化人才战略与高等教育管理[M].广州：暨南大学出版社:2020.

[15] 李盼盼.我国高等教育学专业硕士研究生跨学科培养模式研究[D].保定：河北大学出版社,2020.

[16] 谌红桃.高校克服"五唯"顽瘴痼疾的理论依据与实践路径[J].中国高等教育,2018,(24):22-24.

[17] 宋旭红,张继明,王玲,苑健,王希普.高等教育分类管理的实践基础与路径设计——以山东为个案[J].当代教育科学,2018,(11):69-73.

[18] 武雷.武雷.高等教育成本管理理论与实务[M].北京：中国人民大学出版社:2016.

[19] 陈金秀.民办高等职业教育管理体制研究[D].济南：山东师范大学出版社,2014.

[20] 陈大兴.高等教育中责任与问责的界定[D].上海：华东师范大学出版社,2014.

[21] 夏民.法治理念下大学生教育管理创新研究[D].南京：南京师范大学出版社,2014.

[22] 李亚东.我国高等教育外部质量保障组织体系顶层设计[D].上海：华东师范大学出版社,2013.

[23] 张玲春.当代高等教育管理创新路径研究[J].南昌教育学院学报,2012,27(10):48-49.

[24] 丁思红.柔性管理的思维范式及其实践路径——以高等教育为视角[J].黑龙江高教研究,2008,(12):43-45.

[25] 叶怀凡,邓汉平.成人高等教育管理创新的理论思考与实践探索[J].成人教育,2008,(9):59-60.